단 1시간만에 정복하는
스피치 공식 50

문장력, 전달력, 목소리
스피치 10배 높이기

단 1시간만에 정복하는

스피치 공식 50

초판인쇄 ┃ 2014. 1. 10.
초판발행 ┃ 2014. 1. 20.

지은이 ┃ 정병태
펴낸이 ┃ 박제언
펴낸곳 ┃ 한덤북스
유통 ┃ 로뎀유통
신고번호 ┃ 제 2009-6호
홈페이지 ┃ www.rodem.cc
물류주소 ┃ 서울시 구로구 구로동 1126-14 301호
        Tel. 010-5347-3390, Fax. 02-862-2102
메일 ┃ jbt6921@hanmail.net

판권소유 ┃ 한덤북스

979-11-85156-03-3   03320

값 9,500원

단 **1**시간만에 정복하는

스피치 공식 50

정병태 지음

강력한 '3의 법칙' 스피치

진실하고 간결하라.
그리고 자리에 앉아라.
Be sincere; be brief; be seated

– 프랭클린 D. 루스벨트

셋으로 이루어진 것은
모두
완벽하다.

– 라틴 명언

3은
완전성 또는 완결성을
나타낸다.

– 로이 피터 클라크

'3의 법칙'을 사용하면
자신의 개념을 보다 완벽하게
표현하고, 핵심 메시지를 강조하고,
청중의 기억에 오래 남게 할 수 있다.

– 안드레 들루간

다음의 3의 법칙이 가장 강력한 스피치를 만드는 비결이다.

명료함(Clarity)-단순함(Simplicity)-열정(Passion)

역동적인 스피치는 내용이 아니라 바로 명료함, 단순함, 열정에서 시작된다. 이 3의 법칙은 스피치의 기교보다도 더욱 중요한 것이다.

① **명료함 = 준비, 연구**
② **단순함 = 전달**
③ **열정 = 열심**

청중은 자신이 쉽게 이해할 수 있도록 전달delivery하는 스피치를 좋아한다. 그리고 핵심만을 듣기를 좋아한다. 그렇기 때문에 당연히 길고 복잡한 구조의 얘기보다는 짧고 간결하며 쉽게 전달해 주기를 원한다. 물론 이것이 설득력이 좋다. 그런데 이것을 지켜 효과적인 메시지 전달을 하기 위해서는 3의 법칙을 적용해야 한다. 그래서 숫자 3은 마법의 숫자이다. 사람들은 3가지 핵심을 기억하기를 좋아한다. 그러므로 메시지의 핵심 포인트는 3가지로 만들어 사용한다. 그러면 보다 기억하기가 쉽고, 보다 설득력이 있으며, 보다 전달하기가 쉽다.

3의 법칙은 고대 그리스에서부터 전해 내려온 가장 핵심적이며, 가장 오래된 커뮤니케이션의 기법이기도 하다.

3의 법칙은 스피치의 구성에서 필히 적용된다. 서론, 본론, 결론의 세 부분으로 나누어 활용한다. 인사말, 격려사, 축사, 강의, 연설, 대화 등 모든 스피치시 서론, 본론, 결론의 구조를 갖추면 전달 효과가 좋다.

문장도 3의 법칙을 적용하면 좋다.

"어린아이였던 저에게, 청소년이었던 저에게, 그리고 성인이 된 지금의 저에게."

"오늘, 이번 선거, 이 중요한 시점에~."

단어를 반복함으로써 자신의 메시지를 한층 강렬하게 전달할 수 있다.

"아직도, ~아직도, ~아직도", "왔노라, 보았노라, 정복했노라"(줄리어스 시저), "국민의, 국민에 의한, 국민을 위한 정부"(링컨), "우리의 우선순위는 교육, 교육, 교육입니다."(토니 블레어)

서론 – 도입부
본문 – 핵심1, 핵심2, 핵심3
결론 – 다시 핵심 반복

예)
서론 – 도입
오늘 저는 여러분들에게 부자가 되는 방법 3가지를 말씀드리고자 합니다.

본론
핵심1 –
핵심2 –
핵심3 –
결론
여러분에게 주어진 생명은 너무나 소중한 것입니다.

〈3초, 30초, 3분의 힘〉

- 3초 : 사람을 판단하는 데 걸리는 시간은 단 3초만에 결정된다.
- 30초 : 30초가 그 사람의 이미지와 실력을 평가하는 기준의 시간이다.
- 3분 : 3분이면 세상을 바꿀 충분한 시간이다.

CONTENTS

부록

상대방이 이해할 수 있는 언어로 말한다면
그는 머리로 받아들이고,
상대방이 사용하는 언어로 말한다면
그는 마음으로 받아들인다.

- 넬슨 만델라

스피치, 프레젠테이션, 강의, 설득 기법

말, 대화, 프리젠테이션, 연설, 강의, 면접, 인터뷰,
증언, 회의, 협상, 설득, 발표, 상담, 축사, 인사말,
격려사, 자기소개, 건배사, 주례사, 설교

인사말

　요즘 사회는 공적으로나 사적으로 여러 사람 앞에서 이야기할 기회가 많다. 조회 때의 인사나 회의석상에서의 발언, 프레젠테이션, 송년사, 신년사, 축사, 인사말, 격려사, 후보 연설, 강연, 자기소개 등에서 긴장하지 않고 자신의 생각을 조리있게 이야기할 수 있는 능력이 요구되는 사회이다.

　이 책은 스피치의 구성, 원고작성, 목소리 등 스피치 능력을 향상시켜주는 실질적인 공식을 처음으로 공개하고 있다. 누구나 이 공식만으로도 충분히 자신감을 갖고 당당하게 이야기할 수 있다.

　말주변 없는 사람도 이 공식만 갖추면 스피치와 프레젠테이션의 달인이 될 수 있다. 단 1시간만으로 읽고 실천만 한다면 적어도 더 이상 말주변이 없어서 두려워하고 불안해하는 일은 없게 될 것이다.

　· 어떻게 하면 떨지 않고 말할 수 있을까?
　· 자신있게 발언하는 방법은?
　· 스피치의 시작은 무슨 말을 하면 좋을까?
　· 호감을 주는 목소리는 어떻게 낼까?

　단 1시간만에 정복하는 스피치 공식으로 떨림증을 극복하고, 스피치의 달인이 되는 방법을 공개한다.

정병태 교수

01 '엘버트 메라비언'의 커뮤니케이션 법칙

커뮤니케이션의 중요성에 대하여 세계적인 경영학자 피트 드러커Peter F. Drucker는 **"인간에게 있어서 가장 중요한 능력은 자기표현이며 현대의 경영이나 관리는 커뮤니케이션Communication에 의해서 좌우된다."**고 주장하였다.

심리학자인 엘버트 메라비언Albert Mehrabian 박사의 연구 결과로 커뮤니케이션과 대화의 호감은 목소리는 38%, 바디랭귀지는 55%(태도, 인상, 표정), 반면 논리적인 내용은 7%만이 작용한다는 것을 메라비언 법칙이라고 한다. 따라서 스피치를 잘 한다는 것은 이 3가지를 잘 한다는 의미이다.

메라비언은 커뮤니케이션에서 다음 세 가지 요소가 핵심 역할을 수행

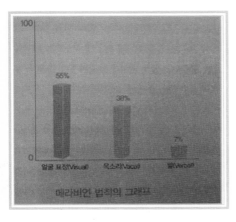

메라비언 법칙의 그래프

한다는 것을 발견했다. 커뮤니케이션의 3요소를 아는 것은
스피치 능력을 키우는데 중요한 이론이다.

메라비언의 커뮤니케이션 3요소

① words(말, 결국 무엇을 말하는가)

② tone of voice(소리, 결국 소리의 대소, 고저, 음색 등)

③ body language(태도, 자세, 몸놀림, 얼굴표정, 겉모습, 시선 등)

흥미로운 사실은 말(7%)보다는 다른 요소가 커뮤니케이
션에서 더 영향력이 세다는 점이다. 그리고 비언어적 요소
들에 의해 대화의 내용이 93%나 전달된다는 것이다.

02 스피치의 3P

스피치에는 중요한 3가지 요소가 있다. 첫째, 내용 구성
이다. 두 번째는 내용을 전달하는 기술이다. 그리고 세 번째

는 전달자의 인품과 태도이다. 이것을 일명 스피치의 3P라고 부른다.

이 3가지 중 어느 하나 중요하지 않은 것이 없다.

스피치의 3P

① Program = 내용 구성
② Platform skill = 전달하는 기술
③ Personality = 인품과 태도

Tip 비언어 메시지 연습법

① 거울을 스승 삼아 훈련한다.
② 동영상 촬영하여 동작을 확인한다.(휴대폰)
③ 녹음으로 목소리를 체크한다.

03 3분 스피치

　사람들 앞에서 말하고 이야기할 때 3분 스피치가 기본이다. 3분 스피치도 일정한 규칙을 따르면 어디서든 자신감을 갖고 3분 스피치를 할 수 있다. 3분 스피치의 구성법은 모든 스피치에 그대로 활용된다.

3분 스피치의 구성방법

[주제 + 화제 + 주제]
　　① **주제** = 이야기하고자 하는 핵심적 내용을 짧은 문장으로 요약한다.(서론)
　　② **화제** = 주제를 뒷받침해 줄 구체적인 예나 에피소드 등(본론)
　　③ **주제** = 주제를 다시 한 번 강조해 줌으로써 이야기를 깔끔하게 마무리 한다.(결론)

〈결혼식 축사의 예〉

주제	신랑 홍길동 군과 신부 김미숙 양의 결혼식을 진심으로 축하합니다. 저는 오늘 신랑 홍길동 군이 아주 마음이 따뜻한 청년이며 실력가라는 것을 여러분께 말씀드리고자 합니다.
화제	10년 전, 저와 홍길동 군은 한 회사에 근무했던 적이 있었습니다. ~ (구체적인 사례, 예)
주제	이처럼 신랑은 마음이 무척 따뜻한 청년이며 컴퓨터 분야의 프로그램 개발 최고의 실력가입니다. ~ (한 번 강조)

 스피치의 EP 법칙

이야기 구성을 미리 짜두고 그 흐름대로 이어가면 쉽게

스피치를 할 수 있다. 이런 준비 구성은 청중의 이목을 집중시키 수 있다. 그 방법에는 EP 방법이 있다. 이는 짧은 스피치, 즉흥 스피치, 1분 스피치, 3분 스피치, 자기소개 그리고 조회나 생각 나누기, 동기부여 등에 좋다.

EP는 Example(구체적인 사례, 실례), Point(핵심, 주장)의 약자인데, 이 순서대로 이야기를 진행한다.

EP 법칙

> Example = 구체적인 사례, 실례, 예화
> Point = 핵심, 주장

E - 사례	
P - 포인트	

 ## 05 스피치의 설계도 만들기(구상)

설계도 없이 집을 지을 수는 없다. 지도 없이 낯선 땅을 찾을 수 없다. 밑그림 없이 조각을 할 수 없다. 그러므로 설계도나 계획서의 중요성을 간과해서는 안 된다. 처음에 어떤 내용을 놓을지, 중간에는 어떤 내용을 놓을지, 그리고 마지막에 어떤 내용을 놓을지 **전체적인 조화와 균형**을 생각해야 한다. 따라서 커뮤니케이션에서 구상은 스피치 못지않게 중요하다.

Tip   좋은 스피치의 필요 조건 4가지

① 주제가 명확하다.
② 이야기하는 사람의 의견이 포함되어 있다.
③ 구체적인 예가 생생하게 살아 있어 공감하기 쉽다.
④ 이야기의 마무리가 깔끔하다.

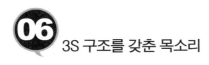 3S 구조를 갖춘 목소리

한마디로 목소리는 그 사람의 인격 즉 내면을 알 수 있는

이미지이다. 그래 목소리 톤이 높으면 신뢰감을 주고 차분하면 위압감을 준다. 그러나 목소리 톤이 작으면 자신감이 없어 보인다. 그리고 너무 크면 시끄러워 보인다. 따라서 사람들은 편안하면서도, 안정적이고 발음이 정확히 들리는 목소리를 신뢰한다. 다음의 3S 구조를 갖춘 목소리를 듣기 원한다.

3S 구조

S = slow
S = strong
S = sensitive

S = slow (천천히, 차분하게)

이는 천천히 차분히 내는 목소리이다. 보통은 너무 빠르고 급하게 소리를 낸다. 중간에 쉼이 없다. 이를 극복하는 방법이 바로 천천히, 차분하게 말하는 것이다. '/' 마디에서 숨을 끊고 호흡을 다시 들이마시는 것이다.

예) 영등포 구청 앞 의학전문복합건물 3층 801호

S = strong (강하게 말하기, 힘주기)

사람들은 목소리에 힘을 넣지 않고 대충 말하는 경향이 있다. 기어들어가는 목소리를 낸다. 작거나 얇은 목소리에는 필히 강하게 말을 해주는 힘주기 능력을 주어야 한다.

예) 사랑, 용기 / 전쟁, 평화 / 도전, 포기

S = sensitive (감정, 감각)

가장 중요한 것은 목소리이다. 사람들은 열정이 가득한 목소리, 따뜻함이 느껴지는 목소리, 작고 크고 조절하는 목소리를 더 선호한다. 필히 사람들이 호감을 주는 목소리를 갖기 위해서는 소리에 자신의 감정을 실어야 한다.

Tip 좋은 발음을 만들기 위해서는

먼저 입 모양을 크게 벌린다. 그 음가에 맞게 입 모양이 달라져야 한다. 입을 크게 벌리지 않고 말을 하면 알아들을 수 없다.

〈발음 연습〉
- 아, 에, 이, 오, 우
- 아으, 오아아으, 오오이으
- 안녕하세요.
- 아으이, 이아, 여으으
- 가, 나, 다, 라, 마, 바
- 오애, 우이이, 아으애야

KISS의 법칙

스피치에서 KISS의 법칙을 적용하면 좋은 결과를 얻을 수 있다. 사람들은 거의 짧고 간결한 스피치를 좋아한다. 즉 긴 스피치보다는 짧은 스피치를 더 좋아한다는 의미이다. KISS는 Keep It Simple and Short의 머리글자를 의미한다. 이 KISS 법칙은 회의나 강연 등에서 더욱 필요하다.

KISS의 법칙

> K = Keep
> I = It
> S = Simple
> S = Short

말이 짧고 간결하면 좋은 인상을 줄 수 있으며, 자신감을 갖고 말할 수 있다. 주의력과 집중시킬 수 있다.

① 문장을 짧게 구분 짓고, 다른 사람에게 아이콘택트를

한다.

제가 삼성전자의 거래처에 가서, ==> 어제 삼성전자에 갔었습니다.

② 말을 잘라 말한다(.<마침표>)

예, 저, 그러니까. ==> 이렇게 생각합니다. 괜찮습니다. 매출이 올랐습니다. 맞습니다. 노랑색입니다.

③ EP법을 사용한다.

EP법이란 '예'example 다음에 'point'를 말하는 스피치 방법이다. 이론, 개념, 원리보다는 체험담, 예화, 에피소드, 이야기 등으로 흥미를 끄는 것이다.

 리듬 스피치를 만드는 SAS 법칙

리듬감을 넣어서 사람들에게 호감을 주는 목소리로 말하는 것이다. 리듬감 있는 스피치를 위해서는 다음의 SAS 법칙을 적용하면 된다. 무엇이든 익숙하면 리듬이 생긴다. 무언가 반복적으로 연습하면 자연스러워지며 리듬이 생긴다. 마치 결이 생기듯이 말이다. 말을 많이 하다보면 자연스럽게 자신에 맞는 리듬이 생긴다. 자신의 말에 무미건조하고 일자 톤으로 이야기한다면 반드시 리듬이 들어가야 한다. 리듬 스피치의 기본은 동그란 목소리이다. 그러므로 평소에 리듬을 주어 말한다.

SAS 법칙

S = segmentation(쪼개기)
A = accent(강조하기)
S = sing a song(노래 부르듯 리듬 타기)

S = segmentation(쪼개기)

일단 단어를 쪼개어 본다. 단어와 단어 사이에 적절히 휴식을 갖는다. 필요한 부분에 쪼개어 말을 한다.

A = accent(강조하기)

중요한 단어나 강조하고 싶은 말에 엑센트를 준다. 엑센트는 첫 음절에 준다.

예) 지금부터 발표를 시작하겠습니다.

S = sing a song(노래 부르듯 리듬 타기)

노래 부르듯이, 부드럽게 리듬감을 넣어 말을 한다. 이와 같은 리듬감을 넣어 말하는 것을 사람들은 더 선호한다.

Tip 좋은 목소리를 갖기 위한 3가지 요소

① 정확한 발음
② 풍부한 발성
③ 긴 호흡

성공적인 스피치를 만드는 PRT 법칙

성공적인 스피치를 만들기 위해서 PRT 법칙을 활용하면 좋다. 이 PRT 법칙 역시 모든 스피치에 적용되며 적절히 활용하면 성공적인 스피치를 할 수 있다. PRT 법칙의 첫 번째는 준비Preparation, 두 번째는 규칙Rule이다. 그리고 세 번째는 감사표현Thanks이다.

PRT 법칙

P - 준비 = Preparation
R - 규칙 = Rule
T - 감사표현 = Thanks

⑩ 스피치의 BEEF 법칙

좋은 스피치, 성공적인 스피치를 위해서는 필히 철저한 준비과정이 필요하다. 스피치도 기술이기에 그 기법을 익히고 많은 연습과 훈련이 필요하다. 그리고 스피치시에 감사할 기회로 삼는 것이다. 발전의 기회로 활용한다.

말주변을 높이는 BEEF 법칙을 숙지하고 요령이 생기면 좋은 스피치를 할 수 있다. 그래서 필자는 이를 BEEF 법칙이라고 부른다. 이것만 알아도 어느 곳에서나 순발력 있게 스피치를 잘 할 수 있다. BEEF는 배짱bold ness, 임기응변 expedient, 경험experience, 감feeling의 영어 머리글자를 합성한 것이다. 스피치는 원고를 그냥 읽거나 낭독하는 것, 외워 단순히 말하는 것은 우수한 스피치가 될 수 없다. 사람들을 감동 주거나 설득할 수 없다.

BEEF 법칙

B = boldness, 배짱
E = expedient, 임기응변
E = experience, 경험
F = feeling, 감정

11 AIDMA 구성 기법

이 구성법은 주로 마케팅이나 거래, 광고 등의 원고 작성에 잘 쓰인다. 그 구성은 아래와 같다. 모든 스피치에 적절히 활용하면 좋은 스피치가 될 수 있다.

AIDMA 구성 기법

attention ---	A ---	주의를 끎
interest ---	I ---	흥미를 안김
desire ---	D ---	욕구를 솟침
memory ---	M ---	기억을 시킴
action ---	A ---	구매를 부추김

주제	"말 춤!" – 가수 싸이의 대히트곡입니다.
흥미	그런데 그 '말 춤'을 박희영 교수가 20년 전에 춤을 개발했습니다.
욕구	그는 현재 인맥의 달인을 뛰어넘어 인맥의 왕으로 활동하고 있습니다. 방송이나 인터넷에서 쉽게 찾을 수 있습니다.
기억	"말 춤!"하면 싸이뿐만 아니라 원조 박희영 교수를 기억합시다.
구매(실천)	얼른 집에 들어가서 인터넷으로 박희영 교수가 누군지 찾아봅시다.

① 실제로 소리 내어 한다.

② 청중이 있다 생각하고 움직이며 한다.

③ 큰 제스처를 넣어야 할 곳을 넣어서 한다.

④ 시각기재를 사용하여 해 본다.

⑤ 무대의 전체 이미지를 눈에 익혀둔다.

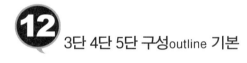

3단 4단 5단 구성outline 기본

전달을 위한 원고 작성에서 3단계는 가장 기본이다. 셋으로 맞물리는 문장이 듣는 상대가 가장 쉽고 이해하기가 빠르다. 그러므로 우선 세 동아리로 묶어 놓고서 보라. 그리고 발전된 4단계, 5단계, 6단계 전개방식도 긴 스피치에 활용하면 좋다.

주제 본풀이 마무리	서론 본론 결론	도입 전개 결어	발단 경과 결말
기본 구조	논문, 논설문, 평론문	일반문장들	소설, 희곡, 이야기

4단 구성 기본

- 도입 –> 본체1 –> 본체2 –> 맺음
- 기 –> 승 –> 전–> 결
- 단서 –> 고찰 –> 비교 –> 논증
- 도입 –> 진술 –> 논증 –> 결어
- 진술 –> 논증 –> 반론 –> 결어

5단 구성 기본

- 도입 –> 본체1 –> 본체2 –> 본체3 –> 맺음
- 기 –> 승 –> 포 –> 서 –> 결
- 단서 –> 고찰 –> 비교 –> 논증
- 도입 –> 진술 –> 증명 –> 반론 –> 결어
- 도입 –> 방법 –> 결과 –> 고찰 –> 결론
- 주의 –> 흥미 –> 욕구 –> 기억 –> 구매

기 – 화제를 내보인다.

승 – 주제를 내보인다.

포 – 내세운 주제를 받아 발전, 전개시키는 방향을 보인다.

서 – 구체적인 사실, 이론, 증거를 들어 자세히 말하고 보충하거나 보강하거나 재강조해 나아간다.

결 – 전체를 갈무리하고 마무리한다.

도입 – 조사, 실험의 필요성, 동기

방법 – 실천했던 방법의 과정

결과 – 나타난 결과

고찰 – 나타난 결과에 대한 원인 분석

결론 – 전체를 묶는 의견, 전망, 문제점

* 주로 논문을 쓰는데 매우 쉽다. 정해진 틀에 속살만 갖다 맞추면 되기 때문이다.

6단 구성 기본

들머리 – 주제 제시 – 분설 – 설명 – 강조, 보설 – 마무리

들머리	사원 여러분, 새로 입사한 정병태 씨를 환영하면서 잠시 소개 말씀 드리겠습니다.
주제 제시	중요한 특징을 소개...
분설	전개의 방향... 이분의 특징을 세 가지로 구분해 볼 수 있습니다.
설명	첫째는, 인간성입니다..... 둘째는, 셋째는,
강조, 보설	빠뜨릴 수 없는 일화 한 가지가 있습니다. 설악산에서....
마무리	시간 관계상 정병태 씨의 모든 장점을 알려 드리지 못해 안타깝습니다.....

기 – 승 – 포 – 서 – 과 – 결

기 – 제목을 소개하거나 화제를 일으킴.
승 – 제목을 풀이하거나 주제를 보임.
포 – '승'을 상술하거나, 주제 설정의 이유를 듦.

서 – '포'의 요약이거나 반복, 강조.

과 – '서'를 한번 굴려 꺾거나 변화를 일으킴.

결 – 전체를 균형적으로 마물리며 맺음.

Tip 쉽게 말하는 방법

① 포인트 세 가지로 정리한다.
- 3가지 개요 제시
  - 하나, 둘, 셋
  - 첫 번째, 두 번째, 세 번째
  - 첫째, 둘째, 셋째
② 一里三例(일리삼례)의 스피치로 말한다.
- 한 가지 이론에 세 가지 구체적인 사례를 든다.
  1) 사례
  2) 이야기
  3) 에피소드

13 스피치 구성 주제문

좋은 문장의 조건 중 하나가 쉽게 글을 쓰는 것이다. 그리고 그 구체적 내용으로 적절한 위치에서의 명확한 주제를 제시하는 것이다.

• 두괄식

"주제 --> 설명, 논증"으로 구성하는 것이다. 청중은 들머리만으로도 주제를 알게 되므로 나머지 부분은 이해하기가 쉽다. 즉 중요한 것은 맨 앞의 원칙을 적용하는 것이다. 실용문, 기능문에 많이 쓰인다.

		[단락]
[단락]	[단락]
(주제)	[단락]

• 미괄식

"사례, 열거--> 결론, 주제"의 구성이다. 주제가 청중들로 하여금 저항이나 반감을 살 만한 내용인 경우에 유효한 틀이다. 끝까지 읽어야 전달자나 글쓴이의 의도나 목적이 분명해지는 구성이다.

```
        [ 단락 ]
        [ 단락 ]      [ 단락 ]
        [ 단락 ]      (주제)
```

• 쌍괄식

"주제 --> 설명 --> 주제"의 구성이다. 두괄식과 미괄식을 어우른 것으로, 청중들이 빨리 이해하고 깊은 인상을 갖는 틀이다. 대표적인 3단 짜임으로, 논설문 따위에 흔히 쓰인다.

```
                 [ 단락 ]
        [ 단락 ]   [ 단락 ]   [ 단락 ]
        (주제)    [ 단락 ]    (주제)
```

• 중괄식

"전제 --> 주제 --> 설명"의 구성이다. 주제문(단락)을 가운데 둔다는 것이 그리 쉽고 바람직한 구성은 아니다. 단

락 구성에 변화를 곁들인다거나 주제를 너무 드러낼 필요
가 없는 경우에 쓰는 틀이다.

[단락]		[단락]
[단락]	[단락]	[단락]
[단락]	(주제)	[단락]

구성의 단위는 단락

구성이란 생각의 큰 단위이다. 그리고 문장의 단위이기도
하다. 즉 크게 토막친 가름이다. 이를 '내용단락', '의미단
락'이라고 말한다. 집을 지을 때의 2층이냐 3층이냐, 아니
면 5층이냐의 가름이다.

내용단락

> **형식 단락**
> - 도입단락
> - 접속단락
> - 설명단락
> - 보충단락
> - 주제단락
> - 종결단락

단락의 종류

단락의 종류를 아는 것만으로도 글쓰기에 큰 도움이 된다.

화제단락 – 문장의 들머리에 놓는다.

도입단락 – 문장의 시작에 놓는다.

접속단락 – 단락을 잇는다.

병립단락 – '그리고'로 이어짐

대립단락 – '그러나'로 이어짐

독립단락 – 내용을 강조한다.

주제단락 – 중심적인 요지이다.

중심단락 – 핵심적인 단락이다.

보충단락 – 설명의 보충이다.

결론단락 – 결론의 단락이다.

종결단락 – 종결의 단락이다.

단락의 요지

르네상스의 천재 레오나르도 다빈치는 이렇게 말했다. **"권태보다는 차라리 죽음을!"**. 권태롭게 사는 것보다는 차라리 죽음을 택하겠다는 것이다.

단락에서 밑줄 친 곳이 요지이다. 요지란 그 단락에 표현되어 있는 내용의 요약이다. 그리고 그 단락의 화제문을 가리키는 것이다. 곧 각 단락은 그 화제문을 중심으로 전개되는 것이다. 나머지는 그 화제문의 떠받침문이고, 전개문이다.

〈실전 실습〉 단락 만들기

14 비언어 커뮤니케이션의 SOFTEN 기법

비언어적 대화에도 기술이 필요하다. 이를 'SOFTEN' 기법이라고 부른다. 이는 '부드럽게 한다'는 뜻에, 글자마다 각각의 의미도 지니고 있다.

SOFTEN 기법

> S = 미소와 웃음 Smile
> O = 열린 몸짓 Open Gesture
> F = 앞으로 기울이기 Forward Leaning
> T = 접촉 Touch
> E = 눈길 나누기 Eye contact
> N = 끄덕이기 Nodding

S = 미소와 웃음 Smile

찌푸린 얼굴이나 평범한 얼굴로는 결코 고객 및 동료의 마음을 사로잡지 못한다. 비즈니스 커뮤니케이션에서 가장 중요한 첫 마디는 언어적 표현이 아니라 '환한 미소와 큰 목소리'라는 비언어적 표현이라는 사실이다.

O = 열린 몸짓 Open Gesture

비즈니스 대화에서 허리에 손을 얹거나 팔짱을 끼는 몸짓은 피해야 한다. 이 같은 제스처는 무의식적으로 고객을 적대시한다거나 혹은 경계한다는 의미를 전달하기 때문에 반드시 금해야 한다.

F = 앞으로 기울이기 Forward Leaning

이는 상대의 말에 관심이 있다는 의미로 몸을 약간 앞으로 기울인 상태에서 듣는다는 뜻이다. 몸을 뒤로 젖힌다거나 직각으로 바로 세우는 것보다는 앞으로 살짝 기울이는 것이 "당신의 말씀을 잘 경청하고 있습니다"라는 메시지를 보다 효과적으로 전달한다.

T = 접촉 Touch

가벼운 접촉과 살가운 얘기는 비즈니스 효과를 극대화하는 좋은 전략이다. 적당한 스킨십은 인간관계를 향상시킨다.

E = 눈길 나누기 Eye contact

커뮤니케이션할 때는 고객의 눈이나 눈 주변을 보면서 말해야 한다. 상대가 말하고 있는데, 상대의 얼굴 쪽을 보지 않고 주위를 둘러보는 자세는 금물이다.

N = 끄덕이기 Nodding

고개를 끄떡이는 것은 "당신이 말씀하시는 것을 저도 잘 듣고 있습니다"라는 의미를 아주 효과적으로 전할 수 있다.

Tip 짧.바.뚜.이 법칙
짧-게 쓰라.   바-르게 쓰라.   뚜-렷하게 쓰라.   이-끌리게 쓰라.

15 커뮤니케이션의 3ESI 법칙

성공적인 커뮤니케이션을 하기 위해서는 3ESI 법칙으로 준비하고 진행하면 된다. 이 3ESI 법칙은 모든 스피치에 가장 기본이 되는 구조이다. 그러므로 반드시 3ESI 법칙을 스피치에 적용하라.

ESI 법칙

E = easy(쉽게)
S = simple(간단하게)
I = impression(감명깊게)

16 컨텐츠의 3부 구성

커뮤니케이션의 가장 중요한 기본 준비는 3부로 구성한

다. 우선 목적, 청중, 장소를 바탕으로 서론, 본론, 결론의 형식으로 내용을 채워나가는 것이다. 이는 아리스토텔레스의 3단계 논법의 구성법으로써 대단히 편리하고 쉽다.

서론	결론	
	이유	
	목적	
본론	주제 1	– 내용
	주제 2	– 내용
	주제 3	– 내용
결론	요약	
	결론	
	끝인사	

 3P 분석

"지피지기면 백전백승", "Seeing is Believing", 이 말

들은 모두 분석의 중요성을 의미한다. 성공적인 커뮤니케이션을 위해서는 사전에 충분한 3P 분석이 대단히 중요하다.

3P 분석

P = purpose(커뮤니케이션의 목적은 무엇인가?)
P = people(청중은 누구인가?)
P = place(어디서 어떻게 무엇으로 할 것인가?)

커뮤니케이션의 3CKS 법칙

커뮤니케이션의 충실한 기본을 갖추고 스피치를 준비해야 한다. 그러므로 스피치를 잘 하려면 평소에 3CKS를 잘 해야 한다. 이것이 모든 커뮤니케이션의 가장 기본적인 3CKS이다. 스피치는 자신감이다. 그리고 깊은 내용과 전달하는 기술이 중요하다.

3CKS 법칙

C = confidence(자신감)
K = knowledge(지식)
S = skill(기술)

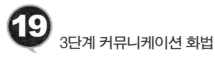

3단계 커뮤니케이션 화법

이 단계 커뮤니케이션 화법을 사용하면 설득력이 배가가 된다. 이야기의 구성은 [주제+화제+주제]의 형식으로 구성한다. 즉 주제를 맨 먼저 이야기한 후 화제로 들어간다.

3단계 구성법

주제	이야기하고자 하는 핵심적 내용, 큰 틀을 짧은 문장으로 먼저 요약한다.
화제	주제를 뒷받침해 줄 구체적인 예나 에피소드 등
주제	주제를 다시 한 번 강조해 줌으로써 이야기를 깔끔하게 마무리한다.

다음은 어디에 해당하는 것인가? (주제), (화제)

여러분 안녕하십니까?
저는 삼성프라자 영업과에서 근무하는 정병태 과장입니다.
오늘은 고객 대면 인사법에 대해서 말씀을 드리려고 합니다.

삼성프라자 영업과에서 근무하고 있는 정병태 과장입니다.
저의 회사가 이번에 신상품으로 개발한 스마트폰 A55 모델을 소개하고자 합니다.

이런 형태는 모두 주제를 먼저 말하고 있는 것이다. 그렇다면 다음 아래의 내용은 주제인가, 화제인가? 구체적인 사례를 들어 주제를 보충해 주는 것이기 때문에 화제이다.

~
사실 저의 회사가 선보이는 이 스마트폰 A55 모델은 가벼운 것이 가장 큰 자랑입니다. 가볍기 때문에 늘 휴대가 간편하다는 것이 특징입니다.
~

이와 같이 이야기의 시작과 끝 부분에서 주제를 알려주고 중간 부분에서 구체적인 사실이나 실례를 들어준다. 이것이 바로 간단하면서도 듣는 사람에게 강한 인상을 남겨줄 수 있는 3단계 커뮤니케이션 화법이다.

〈실전 훈련〉 3단계 스피치 기법
주제: 스피치의 기법

시간: 3분

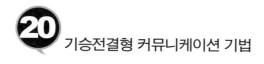

20 기승전결형 커뮤니케이션 기법

이 '기승전결형' 커뮤니케이션 기법은 듣는 사람의 흥미를 자극하면서 결론까지 이끌어 가는 기술적인 구성방법이다. 이 방법은 문자 그대로, 맨 처음에 이야기를 일으켜 세우고, 이를 이어 나가고, 제3단계에서 생각지도 못한 방향으로 전환하였다가, 마지막에 두 이야기를 종합하여 전체를 집약하는 것이다. 이는 스토리성 이야기를 전할 때 좋다.

기승전결 구성방법

기(起)	이야기를 일으켜 세움
승(承)	내용을 이어 나감
전(轉)	이야기를 전환함
결(結)	마무리

예를 하나 들어 보겠다.

기 = 요즘 경기불황과 미국 금융 위기로 말미암아 동네

상권의 슈퍼마켓의 매출이 현저히 줄어들었다.

승 = 남편이 집 앞 슈퍼마켓에서 라면 1박스를 사가지고 집에 왔다. 그런데 확인해보니 부엌에 라면이 있고 살림도 어려워서 다시 반품을 하였다.

전 = 집으로 하나의 택배가 왔는데, 뜯어보니 시골에서 어머니가 사은품으로 받은 라면 2박스를 보내 주었다.

결 = 경기가 힘들수록 근면하고 아끼는 삶을 살아야 한다. 그러면 좋은 결과가 있을 것이다.

또 다른 기승전결의 예이다.
기 - 광우병으로 백화점에서 쇠고기가 잘 팔리지 않는다.
승 - 동네 상점에서 국내산이라 쇠고기를 사가지고 집에 와서 확인해 보니 놀랍게도 중국산이었다.
전 - 근처에 얼마 되지 않은 아파트가 붕괴되는 사건이 있었다. 그 아파트는 한 마디로 엉터리 아파트였다.

결 – 부정은 허용하지 마라.

기승전결의 예

기	안 싸울 수는 없다. 성장 배경부터 전혀 다른 두 인격체가 피부를 맞대고 살아야 하는데 싸울 일이 없다니, 결혼식장의 의례적인 선서 한마디로 둘이 하나가 될 순 없는 일. 일심동체가 되어야 한다는 환상부터 버려야 한다.
승	서로 다른 두 사람이 함께 잘 살아가는 슬기를 다듬어야 하는 이심이체다. 평생 부부싸움 한번 해 본 적 없다는 노인네들을 더러 본다. 존경을 넘어 놀랄 일이다. 하지만 그 속을 누가 알랴.
전	내 친구 부모님은 금실이 좋기로 동네 소문이 나 있다. 싸움 한번 한 적이 없다니, 어떻게 그럴 수가 있을까? 어느 해 세배를 드린 후 몹시 궁금한 우리로선 더 이상 참을 수 없었다. "어떻게 그럴 수 있었습니까? 그 비결이 무엇입니까?"
결	아버님은 묘한 웃음을 지으셨다. 뭐랄까. 좀 씁쓰레한 웃음이라는 표현이 적절한 것 같다. "자네들은 의사니까 내 죽거든 쓸개가 아직 남아 있는지 해부해 보게. 에미도 없을 걸세."

＊이시형 칼럼:(폭력만은 피해야)

기승전결형 원고작성

기승전결형 원고작성은 기승전결 4단계 화법으로 이끌어
준다.

기승전결의 "기"는 연극에서 말하는 개막이며, 문장에서
는 첫 행의 시작 부분에 해당한다. "승"은 기를 받아 보다
깊은 내용으로 심화시킨다. "전"에서는 변화를 주어 의표를
찌르는 내용을 전개하고, "결"에서는 매듭을 짓는다.

기는 도입 부분인 서론을, 승은 사실, 관찰, 실험을, 전은
분석, 논증을, 결은 결론을 나태 내는 것이다.

이는 이야기를 예상 밖의 전개를 펼치기 때문에 재미가
있고, 듣는 사람들로 하여금 "역시 그렇군"하고 납득하게
만들 수 있으므로 이야기를 인상 깊게 꾸밀 수 있다. 그런데
이 기승전결형 이야기는 맨 먼저 결론을 내려두고 그런 다
음에 두 개의 화제를 찾아낸다.

이것은 아주 설득하기 좋은 스피치 작성의 유형이다. 그
러므로 적절히 한 주제나 대지 안에 기승전결로 전개해 나
아가는 스피치 작성을 적절히 활용해 보라.

기승전결의 예

㉑ 대 중 소 커뮤니케이션 구성법

긴 연설을 할 때 이야기를 구상할 때 대항목, 중항목, 소항목 순으로 나누어 정리하고 준비한다. 구성방법은 아래와 같다.

대항목	3분 이야기								
중항목	3분			3분			3분		
소항목	3분	3분	3분	3분	3분	3분	3분	3분	3분

대 중 소 원고 작성법

긴 스피치는 대 중 소로 구성하여 작성하는 것이 좋다.

이야기를 구성할 때는 "대항목", "중항목", "소항목" 순으로 나누어 생각하면 좋다. 특히 긴 스피치 원고작성으로 매우 좋다. 내용 정리도 아래와 같이 한다. 모든 긴 스피치는 내용에 관계없이 3분짜리 이야기의 연속이기 때문이다.

- 대항목: 3분짜리 이야기 /

   항목: 1개

   시간: 3분

- 중항목: 3분짜리 이야기 / 3분짜리 이야기 /

   항목: 2개

   시간: 6분

- 소항목: 3분짜리 이야기X3 / 3분짜리 이야기X3 /

   항목 : 6개

   시간 : 30분, 60분

이와 같은 대중소 구조의 원고작성 틀을 익혀서 원고를 작성하게 되면 좋은 스피치를 구사할 수 있을 것이다. 수시로 연습하고 익혀서 실전에서 직접 사용하기를 바란다.

Tip	서론에 들어가는 PIP

> P = Purpose(목적)
> I = Important(중요성)
> P = Preview(미리보기)

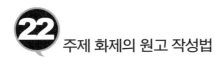

22 주제 화제의 원고 작성법

이번에는 원고 작성에 있어 주제 화제의 논리적인 구조를 살펴보고자 한다.

대화나, 이야기, 일반 스피치의 논리적인 구조는 다 비슷하다. 특별히 주의해야 할 것은 듣는 사람을 잘 설득시키기 위해서 구체적인 예화나 에피소드가 반드시 필요한 것이다. 그리고 구체적인 예를 들어야 듣는 사람의 관심을 끌어 납득시킬 수 있다.

> **[주제]** 1. 정치와 대통령
> +
> **[화제]**　　1) 과거의 정치~
> 　　　　　　2) 과거의 대통령~
> 　　　　　　3) 현재의 정치~

[주제]는 20자 이내로 짧게 요약한다. 짧은 메시지로 요약함으로써 스스로도 강조해야 할 포인트를 분명하게 파악할 수 있고, 듣는 사람으로서도 이해하기 쉬우므로 인상에 오래도록 남는다. 그리고 듣는 사람을 설득시킬 수 있는 [화제]를 요약하여 전달한다.

대부분의 사람들은 한 마디 한 구절을 문장으로 만들어 그 원고를 통째로 암기하려고만 한다. 원고 전문을 통째로 암기하는 방법은 그 고생에 비해 효과가 적다. 전체적인 이야기의 흐름을 파악하기 위해 주제와 화제의 전개에 대하여 요점만 간단히 적은 줄거리를 작성하는 방법이다. 이것이 두려움이 없이 그리고 막힘없이 술술 스피치할 수 있는 비결이다.

〈주제 화제의 원고작성 비결〉

---

① 주제를 한 문장 형식으로 만들어 그 전문을 적는다.
　　예) 인사를 잘 하자.

② 화제 전개에 대한 요점을 가능한 한 짧게 메모한다.
　　– 인사의 중요성
　　– 인사의 유익
　　– 인사의 결과

이와 같이 짤막한 단문으로 줄거리만 적어놓고 이야기의 흐름을 머릿속에 입력한다. 이제 됐다 싶으면 메모지에 포

인트만 깨끗이 적어 연습할 때 활용한다. 읽기 쉽도록 가능한 한 큰 글자로 써두는 것이 좋다. 이 메모지조차도 어디까지나 이야기의 흐름을 놓쳤을 때를 대비한 것이다.

〈훈련하기〉

주제 : 인사를 잘 합시다. 화제 : 요점을 한 마디로 메모한다.

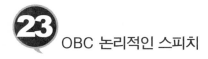 **23** OBC 논리적인 스피치

Opening - Body - Closing

OBC 틀을 활용하면 아주 좋은 논리적인 스피치를 할 수 있다. 보통은 말하는 것을 두려워한다. 그것은 바로 자신감이 없으며 연사의 이것저것 불확실성 때문이다. 그러나 OBC 틀을 갖추어 논리적으로 준비하게 되면 더 좋은 스피치를 할 수 있다.

OBC 구조

> O = Opening
> B = Body(서론, 본론, 결론)
> C = Closing

　사람들은 다양한 발표나 연설에서 곧바로 서론 없이 본론
으로 들어가는 사람들의 경우가 많다. 그러나 서론으로 시
작하는 것이 더 논리적임을 명심하라.

O = Opening
　　– 오프닝에서 관심을 끌어야 한다.
　　– 오프닝은 사전에 충분히 준비되어져야 한다.
　　– 준비된 오프닝 없이 청중이 긴장한 상태에서 스피
　　　치를 하게 되면 실패하게 된다.(아이스브레이킹)
　　– 청중은 연사의 내용에 궁금해 한다.
　　– 연사의 공신력을 제고하라.

① 능력 ② 열정 ③ 친근감

B = Body

- 서론은 스피치의 첫 단추다. 그 첫 단추를 어떻게 꿰느냐에 따라 스피치의 분위기가 달라진다.
- 서론은 반드시 사람들의 관심을 끌어야 한다.
- 청중에게 관심을 끄는 방법으로 좋은 것, 바로 청중에게 질문을 하는 것이다. 이때 질문은 청중에게 부담을 주지 말아야 하며 복잡하면 좋지 않다. 또는 스스로 생각을 해 보는 질문도 좋다.
- 에피소드를 넣어 관심을 끌 수 있다.
- 본론은 내용이 들어가는 것이다. 충실하고 잘 준비된 내용이어야 한다.
- 본론의 구조는 첫째, 둘째, 셋째 등으로 구성한다.

C = Closing

 - 결론에서는 감동을 줘야 한다.
 - 청중은 보통 마지막 결론을 기억하게 된다.
 - 스피치의 요점을 말한다. 또는 명언이나 에피소드를 넣어 말한다.
 - 결론에서 다시 한 번 정리하여 핵심을 전하라.
 - 감사한 마음을 전하는 멘트를 전하라.

OBC 논리적인 스피치는, 서론에서 청중에게 관심을 끌수 있도록 하고, 본론은 내용을 충실하게 한다. 그리고 결론은 명언, 메시지 등으로 감동을 준다.

Tip 리드 멘트 종류

 - 순서 : 첫째, 둘째, 셋째, 다음으로, 마지막으로
 - 강조 : 또한, 이와 같이, 게다가
 - 대조 : 그러나, 반면에, 그럼에도, 대신에
 - 시간 : ~ 할 때, ~하는 동안에.
 - 인과 : 결과적으로, 왜냐하면, 그 이유로,
 - 요약 : 요약하면, 결론적으로, 끝으로,

〈실습〉 OBC 논리적인 스피치

오프닝

서론
여러분, 오늘 오시는 길은 막히지 않았나요?
저녁은 맛있게 드셨습니까?

– 명언, 에피소드

본론
 – 첫째,
 – 둘째,
 – 셋째,

결론
여러분 우리도 얼마든지 경쟁사를 이길 수 있습니다.
이렇게 변화하는 노력을 꾸준히 한다면 우리의 열정
이 고스란히 매출로 이어질 수 있습니다. 우리 모두 힘
을 내봅시다.
아직 시작도 하지 않았습니다.
오늘 제 발표를 통해 우리가 더욱더 열정을 다하면 좋

겠습니다.
우리도 할 수 있습니다.

끝인사
여러분, 여러분은 오늘 최고의 청중이었습니다.
오늘 저를 최고의 좋은 연사로 만들어주셔서 정말 감사합니다.

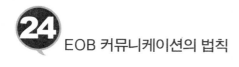

EOB 커뮤니케이션의 법칙

쉽고 확신있는 간단한 스피치는 마법의 EOB 커뮤니케이션 법칙을 적용하면 된다. 이 원리를 적용하면 아주 쉽게 전달할 수 있다.

EOB 법칙

Example = 예화, 사건, 이야기, 에피소드, 경험, 실화

말의 서두에 먼저 자기가 하고자 하는 주제에 맞는 예화나 실제로 일어난 사건을 소재로 삼는다. 생동감 있고 흥미있는 이야기와 화제가 좋다. 이 예화에 차지하는 비중은 전체 이야기의 70% 정도가 좋다.

Outline = 핵심, 요점

이야기를 바탕으로 이야기의 정리된 요점이나 핵심뿐만 아니라 중요 원리나 방법을 제시한다. 이야기의 20% 정도가 좋다.

Benefit = 이익, 유익, 결론

이 이야기가 주는 이점이나 이익을 내포하고 있는 결론을 제시한다. 시간의 10% 정도가 좋다.

항상 말의 서두는 멋진 예화나 실질적으로 일어난 어떠한 사건을 예화로 드는 것이다. 그리고 이것을 바탕으로 이야기를 전개시켜 나가는 것이다. 마지막에는 이 이야기가 시사하는 이익이나 결론이 무엇인가를 청중들에게 알려주는

것이다.

아래에 EOB 커뮤니케이션 비율을 적어 보라.

```
E :
O :
B :
```

EOB에 의한 스피치의 예

순번	시간	주제	스피치내용
①	00:10	첫인상	무대로 걸어 나오는 순간부터~ 미소로 청중을 환영한다는 신호를 전달한다.
②		O.S	여러분 반갑습니다. 항상 당당한 자신감과 열정을 갖고 사는 멋진 남자 정병태입니다.
③		서론	여러분, 당당한 자신감과 열정, 그리고 적극적인 사고를 위하여 우리 모두 최선의 노력을 경주합시다. 그러면 저처럼 당당한 자신감 및 열정도 얻을 수 있을 뿐만 아니라 말도 잘하여 좋은 직장에 멋지게 취업할 수 있습니다. 감사합니다.
④		본론	

⑤		결론	
⑥		C.S	

① 첫인상

성공은 태도라고 했다. 강렬한 인상을 주는 것이 중요하다. 사람과 사람 사이의 만남에서 가장 중요한 것은 첫인상이다. 첫인상은 청중들의 관심과 기대감을 불러일으키는 중요한 역할을 담당한다.

- **걸음걸이** : 절도 있고 품위 있는, 자신감 넘치는 태도로 무대에 나온다.
- **웃음, 미소** : 좋은 이미지 신호를 보낸다. 웃음과 미소는 당신에게 호감을 갖고 있는 표시이다.
- **인사** : 인사는 이미지에 대단히 중요한 역할을 한다.
- **목소리** : 명랑하고 분명한 목소리로 인사한다.

- **시선처리**eye contact : 시선은 제2의 커뮤니케이션이
  다. 그러므로 시선처리는 커뮤니케이션에서 매우 중
  요한 영향을 미친다. 청중에게 강한 신뢰감을 제공한
  다. 고른 시선을 배분한다. 그러므로 가장 좋은 시선
  처리는 청중들과 마치 1:1로 이야기하듯이 안정된 시
  선처리로 오른쪽, 왼쪽, 중간 등 고르게 눈맞춤 하는
  것이다.

Tip 좋은 첫인상 만들기

- 자신이 소개될 때까지 단정한 자세로 자리에 앉아 기다
  린다.
- 호명이 되면 자리에서 일어난다.
- 걸어갈 때는 활기차게 연단으로 나선다.
- 나가면서 가벼운 미소를 짓는다.
- 첫 마디를 하기 전에 청중 중 몇몇 사람과 시선을 교환
  한다.
- 미리 준비된 아이디어로 오프닝을 시작한다.
- 적어도 오프닝 멘트는 원고를 보지 않는다.

② O.S(OPENING SPEECH)

- **효과적인 자기소개** : 첫인상 30초가 그 사람 이미지
  의 절반을 차지한다. 그런데 효과적인 자기소개는 커
  뮤니케이션에서 매우 중요한 첫 이미지Impression이
  다. 자기 이름을 이름석자만 간간하게 소개하지 말고,
  자기소개에서부터 뭔가 톡톡 튀는 듯한 재치와 유머
  로 시작한다.
- **이름 삼행시** : 이름의 첫 글자를 딴 삼행시로 풀어나
  간다. 또는 비전이나 특기를 담아 자기를 소개한다.
  자기소개시 시간은 보통 1분 정도가 좋다.
- **자기 정보** : 자기소개에서 자신의 정보를 담아 전하
  라, 자기의 직업, 소속, 취미, 출신, 가족, 특기 등 자신
  의 신변에 관련된 사항을 전한다.

·오프닝으로 활용할 수 있는 기법

스피치에서 기선제압을 하는 것은 매우 중요한 것이다.
시작부터 청중을 리드하며 진행해야 한다.

- 에피소드, 비유, 사례, 인용구, 질문, 상상력, 연출, 시

사 이슈 제기, 특기, 가벼운 유머, 정보 제시, 고사성
어 등등

③ E – 예화
 – 손짓(제스처)으로 설득하기
④ O – 개요
⑤ B – 이익
⑥ C.S (closing speech)

– 주의사항 :
청중들이 가장 싫어하는 스피치는 틀에 박힌 로봇이나 앵
무새처럼 똑같이 말하는 것이다. 암기해서 말하지 말고 이
해하고 소화해서 이야기하라. 에이브러험 링컨은 말하기를
"나는 틀에 박힌 스피치는 듣고 싶지 않다. 내가 진정 듣고
싶은 것은 벌떼가 싸우고 있는 것처럼 흥분된 연설자의 이
야기이다."라고 말했다.
철저한 준비는 발표자에게 보다 당당한 자신감을 줄 뿐만
아니라 오히려 연단에 서는 것이 기다려지게 된다.

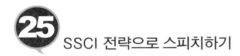

25 SSCI 전략으로 스피치하기

SSCI 전략은 프리젠테이션에서 매우 좋은 방법이다. 쉽고 간단하고 지적이고 깔끔한 이미지를 줄 수 있기 때문이다. 이것이 보통 프리젠테이션에서 가장 많이 활용하는 전략이다. 이는 간단명료하게 말하는 기법이다.

SSCI란 간단하면서도Simple, 뭔가 지적이고Smart, 깔끔한 이미지Clean Image를 주는 것을 말한다.

SSCI 법칙

> S = Simple
> S = Smart
> C = Clean
> I = Image

 26 쉽고 즐거운 TWA 프레젠테이션 법칙

TWA란 Training With Amusement의 약자이다. 연수와 공부는 즐겁게 할수록 쉽게 배운다는 의미이다. T는 즐겁게, W는 알기 쉽게, 그리고 A는 애정을 담아 활용하라는 것이다.

TWA 프레젠테이션 법칙

> T = 즐겁게(Training)
> W = 알기 쉽게(With)
> A = 애정을 담아(Amusement)

3 STEP 스피치 기법

3STEP 기법을 활용하면 좋은 효과를 얻을 수 있다.

커뮤니케이션을 할 때 세부적인 것을 말하기보다 먼저 결과를 이야기하고 나서 세부적인 것을 설명한다. 이야기를 세 개의 그룹으로 구성하여 전달하면 전달력과 이해력이 높아진다.

3 STEP 기법

① 놀랍고 새로운 기능을 갖고 있음을 이야기한다.
② 각각의 기능에 대해 자세히 설명한다.
③ 설명이 모두 끝나고 나면 지금까지 한 이야기를 다시 한 번 요약해 준다.

Tip 자기PR에서 성공적인 7가지 원칙

① 전략   ② 준비   ③ 자신감
④ 커뮤니케이션 스킬   ⑤ 바디랭귀지   ⑥ 비주얼
⑦ 리허설

28 3-3-3 트리 구조방법

이야기의 구성을 3단계 구조를 따르면 효과가 좋다. 먼저 개요를 이야기한 다음 본론을 이야기하고, 마지막으로 다시 한 번 요약해 주는 것이다. 이와 같은 이야기 구성은 훨

썬 더 짜임새 있게 도와준다.

333 트리 구조

주제		
소주제 1	소주제 2	소주제 3
본론1	본론 2	본론 3
요약 1	요약 2	요약 3
결론		

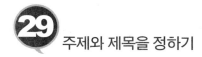

주제와 제목을 정하기

주제

좋은 스피치를 위해서는 먼저 좋은 문장을 구성해야 한다. 그런데 가장 먼저 주제와 제목을 정해야 한다. 주제는 한마디로 메시지 전체를 대표하는 것이다. 목적과 의도에

걸맞아야 한다. 그러나 추상적인 주제는 좁히는 것이 좋다. 주제를 좁혀 가면 글쓰기가 쉬워지고 깊이가 있다. 실감 있고 효과적인 문장이 된다. 주제를 쪼개서 구체적으로 본다.

주제를 좁혀서 쪼개고 나면 쓸거리가 넉넉해져 훨씬 수월하게 글을 쓸 수 있다. 이것이 글을 쉽게 쓰는 첫째 요령이다.

예) 주제 = 할머니

　　　　할머니의 친구, 고향, 학창시절, 결혼, 첫사랑,

　　　　애창곡, 지역, 학교

　　* 세부적으로 다시 쪼갤 수도 있다.

[막역한 주제] -> [좁고 뚜렷한 주제] -> [주제문]

* 앞으로 전개할 문장 내용이 나타나게 된다.

예) 학생들의 실태

　　- 컴퓨터 게임에 빠져 있는 학생들의 실태가 걱정된

　　　다.(주제문)

주제문

주제문 하나로는 완전한 문장이 될 수 없다. 그 주제에서 그 내용을 잘게 쪼개거나 부분으로 나눠서 벌여야 비로소 문장이 된다.

분석 = 덩어리로 보이는 것을 그 구성 요소로 나눠 하나하나 살핌으로써 전체를 밝히는 것이다. 분석의 가짓수는 셋이 알맞다.

분류 = 개별적으로 존재하듯 보이는 것들을 그 공통성으로 묶어 몇 개의 동아리나 종류로 나눠 전체를 파악하는 것이다.

주제를 쪼개어 전개하기

- **비교, 대조하는 방법** = 문장의 내용을 풍부하게 하고 생각을 깊게 하는 전개법이다.

비교 : 두 개의 다른 것 사이의 공통점을 발견하여 서술하는 것이다.

대조 : 비슷한 것 사이의 차이점을 발견하여 문장을 전개

하는 것이다.

- **원인. 이유로 펴는 방법** = 이해나 설득의 원칙으로 원인과 이유를 문장으로 전개하는 것이다.

- **정의로 펴는 방법** = 화제의 의의나 용어의 개념은 장차 전개할 주제의 방향이나 범위의 예고편이다. 다른 것과 구별되는 특징이다.

- **중요도 순서로 펴는 방법** = 화제나 내용을 재미나 감정을 점점 높여 감으로써 최후에 결정적 결말을 보이는 점층적 전개법이다.
  [가장 중요한 것] --> [그 다음 중요한 것] -->
  [중요도가 가장 낮은 것]

- **소거법으로 펴는 방법** = 부정적인 것들을 하나하나 열거해 나아가다가 최후에 긍정으로 끝맺는 방법이다.
  [부정+긍정, 단점+장점, 질책+찬양]

- **역전법으로 펴는 방법** = 전설, 설화, 무용담, 서사문 등 허를 찌르거나 최후의 승리를 강조할 때 유용하다. 예상 밖의 결말, 놀라운 감동을 이끌어낸다.

- **묘사법으로 펴는 방법** = 추상적 결론을 구체적 전달 방법 중 하나인 묘사법이다.

제목

제목은 그 문장의 얼굴이고 간판이다. '같은 값이면 다홍치마다.'라는 말도 있다. 외모의 중요성을 말하는 것이다. '제목 보고 책을 고른다.'는 말도 있다. 그러므로 제목에 신경을 쓰는 것은 결코 헛일은 아니다. 제목 붙이기의 조건으로는 다음 세 가지를 들 수 있다.

① **적절성** = 제목은 내용의 거울이므로 내용과 어울려야
　　　　　한다.

② **매력성** = 재미있으면 읽지 말라고 해도 읽는다. 듣지
　　　　　말라고 해도 적극적으로 듣는다.

③ **간결성** = 내용의 압축, 짧은 표현, 여운진 표현 등 군더
　　　　　더기가 빠지고 길지 않으며 내용 중심이다.

　　예) "사람은 무엇 하러 사나 --> 왜 사느냐?"

부제목

본제목만으로는 그 내용을 다 나타낼 수 없는 경우에 붙
인다. 제목은 내용을 나타낸다면 부제목은 관점을 나타낸
다. 그리고 부제목은 여러 기능으로 나타낼 수 있다.

　　예) 영어회화 공부

　　　－ 발음에서 읽기까지

30 명언, 에피스드, 사례 스토리텔링 스피치

재차 강조하지만 한마디로 "스피치는 기술이다." 그러므로 훈련과 노력이 꼭 필요한 분야이다. 나의 다양한 에피소드로 스토리텔링(이야기로 재미있게 말하다)하여 전달하면 감동을 줄 수 있다. 스토리텔링은 단순한 사실 전달이 아니라 다양한 에피소드를 재미있고 설득력 있게 스토리를 넣어 전달하는 것이다. 요즘 명강사의 기준이 1시간 강의에 대략 10개 정도의 에피소드를 전달하는 능력을 갖고 있다는 것이다. 그래서 스토리텔링의 스토리를 구성하는 것이 다양한 에피소드이다.

주의할 것은 에피소드가 청중들과 공감대를 이룰 수 있어야 한다는 것이다. 그렇기 위해서는 전문성이 있는 에피소드나 경험담이 좋다. 그때 사람들은 집중하게 된다.

안녕하세요.
저는 현재 현대백화점에서 명품 주얼리 샵을 운영하고 있습니다.

여러분 12월의 보석이 뭔지 아십니까?
바로 연두 빛의 터키석입니다.
터키석의 의미는 바로 성공, 행운, 친근한 관계입니다.
한 해의 마지막 12월입니다.
오늘 이 모임을 통해 서로 친근한 관계를 맺어 성공과
행운을 꼭 얻어가셨으면 좋겠습니다.

여러분의 힘들었던 이야기, 위기와 역경, 그리고 고난을
극복했던 에피소드를 전하면 사람들이 주목하고 감동을 받
게 된다. 또 자신의 소신이나 철학이 들어있는 이야기를 좋
아한다. 성공한 이야기, 유머, 핫이슈, 시즌성 이야기, 그 외
청중과 공감을 얻을 수 있는 것이면 좋다.

실전 훈련

저는 10년 전, 돈 한 푼 없이 맨손으로 1인 창업을 했어요.

얼마든지 당신도 명언을 넣어 말할 수 있다. 다음의 원리
와 방법을 숙지하여 활용해 보라.

명언 몇 개 정도면 어느 상황에서든 자연스럽게 말할 수 있게 된다. 스피치의 수준을 높여주게 된다. 특히 명언 스피치는 언행일치의 소통이 필요하다. 그 명언에 맞는 행동이 필요하다. 그 말에 행동이 따르는 사람이 되어야 한다.

명언을 넣는 요령을 보면, 명언을 인용할 때 추임새를 넣어 말을 하면 된다. 아주 쉽다. 편안하고 부드러운 시작 추임새만 있으면 누구나 쉽게 될 수 있다.

"이런 말이 있더라고요..."

"000가 말하기를,... "

"여러분, 00이 이런 말을 했습니다."

"'캔 리더십'의 저자 정병태는 급변하는 시대 속에서 살아남기 위해서는 3가지의 능력이 필요하다고 말했습니다.

첫째, ~"

"여러분, '경청의 123법칙' 알고 계시죠?"

"제가 보니, 성공하는 사람들은 2가지 애愛가 있더라고요"

명언을 넣어 말하는 것이 힘들지만 좋은 인용 문장을 모으고 외워서 활용해 보면 금새 인용문을 잘 전달하는 사람이 될 수 있다. 그래서 명언 스토리텔링을 하기 위해서는 평소 책, 신문, 기사, 대화 등에서 기록하는 습관이 되어야 한다. 그리고 실전의 대화나 상담에서 사용해 보는 것이다.

여러분, 배우 '우디 앨런'이 이런 말을 했습니다.
"한 번도 실패하지 않았던 건 새로운 일을 전혀 시도하지 않았다는 것이다."
여러분, 여러분은 최근에 언제 실패를 해보셨나요?

[10년 후, 한국]의 저자 공병호 박사는 급변하는 시대 속에서 살아남기 위해서는 3가지의 능력이 필요하다고 말했습니다.
첫째, 커뮤니케이션 능력입니다.
~
둘째, 정리 능력입니다.
~
셋째, 모방 능력입니다.
~

여러분, '경청의 123법칙' 알고 계시죠?

실전 실습

① "캔 리더십"(저자 정병태)의 218페이지의 명언들을
숙지하여 1분 스피치로 발표하는 시간을 갖도록 한
다. 명언 한마디가 얼마나 위력적인지 확인할 수 있
을 것이다.

② 아래에 명언을 한 주에 5개씩 적고, 읽고 암송하여
실 생활에 활용해 본다.

31 자기소개의 PER 법칙

첫인상을 좌우하는 시간이 단 3초라고 한다. 그 연장선에
자기소개 커뮤니케이션이 있다. 자기소개를 통해 연사를
알 수 있고 더욱 친해질 수 있는 기회가 된다. 그래서 적절
한 자기노출이야말로 나를 소개하는 좋은 수단이다. 지금

어떤 형태의 스피치든 자기소개가 있다. 그런데 자기소개를 너무 대충하거나 재미없게 한다면 사람들에게 자기 자신을 특별히 기억나는 사람으로 각인시킬 수 없다.

그렇다면 모임이나 발표에서 자기소개는 어떻게 해야 할까? 다음의 자기소개 PER 법칙을 활용하면 좋다.

PER 법칙

P = positioning(포지셔닝)
E = episode(에피소드)
R = resolution(레솔루션)

P = positioning(포지셔닝)

이는 현재 내가 일하고 있는 회사와 업무에 대해 소개하는 것이다. 일하고 있는 마음가짐의 소명의식, 사명을 인상 깊게 말하는 것이 좋다. 진지하게 내가 회사에서 일하고 있는 목적을 분명하게 말한다. 직업의식, 비전, 목표 등을 강하게 말하는 것이다. 자신의 일에 전문성을 갖고 열정을 다하는 사람에게 사람들은 훨씬 더 호감 가는 사람으로 기억될 것이다.

안녕하세요. 저는 삼성휴대폰 전자에 다니고 있는 정병태 과장입니다.

저는 회사에서 교육 분야를 담당하고 있습니다.

– 자신의 일에 대한 전문성, 열정을 보여준다.

E = episode (에피소드)

자기소개에서 에피소드를 활용하면 좋다. 사람들은 에피소드를 넣어 자기소개를 하면 좋아한다. 이 에피소드를 통해 사람들은 정보를 얻을 수 있다. 생각, 경험, 취미, 계절, 칭찬, 꿈, 비전, 명언, 키워드, 유머, 사건 등 더욱 집중하게 된다.

안녕하세요. 반갑습니다.

정병태입니다.

저는 홍길동 회장님의 소개로 이 모임에 참석하게 되었습니다.

정말 좋은 분들이 함께한다는 말씀을 들었는데, 이렇게 와보니 그런 기운이 확 느껴져 정말 기분이 좋습니다.

평소 회장님을 뵈면서~~

R = resolution(레솔루션)

resolution(레솔루션)이란 "다시 한 번 결의를 다지는 것"이다. 공식 석상에서 스피치를 할 때 마무리 멘트를 하는 것이다. 길게 늘어지게 하지 말고 깔끔하고 명쾌하게 마무리를 하는 것이다.

"우리 한번 잘 해봅시다."
"우리 한번 서로 어울려 좋은 인연을 만들어 갑시다."
"영국의 처칠의 말처럼 이번 시합에서 승리합시다."

〈실전 실습〉 – 자기소개하기

① 자신을 PR할 수 있는 자기소개 법칙을 만들어서 1분 30초 안에 멋지게 발표한다. 경험, 명언, 에피소드, 유머, 정보, 사건 등 활용하여 자기를 소개한다.

② 실전 자기소개 원고 만들기

P = positioning(포지셔닝)

E = episode(에피소드)

R = resolution(레솔루션)

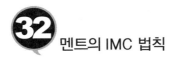 멘트의 IMC 법칙

　스피치를 할 때, 최소 3가지의 멘트가 필요하다. 머릿속
에 있는 말이 나오지 않을 때 필요한 법칙이다. 첫째는 인트
로 멘트이다. 둘째는 메인 멘트이며, 셋째는 클로징 멘트이
다.

IMC 법칙

```
I = intro ment
M = main ment
C = closing ment
```

I = intro ment

청중을 향해 멘트를 던진다.

"여러분, 식사는 맛있게 드셨나요?"

M = main ment

인트로 멘트에서 가지치기를 해서 메인 멘트를 던져야 한다.

"오늘 구내 식당에서 먹은 점심식사는 제가 평생 먹어 본 식사 중에서 가장 맛있었던 식사였어요."

C = closing ment

마무리 의지를 담아 클로징 멘트를 던지는 것이다.

"여러분, 우리 날마다 점식식사는 가격과 맛 그리고 건강을 위해서 우리 구내식당에서 먹읍시다."

33 건배사의 TEC법칙

요즘 멋진 건배사를 할 수 있어야 한다. 어떤 자리에서든 간단한 건배사를 하는 경우가 심심찮게 있다. 따라서 건배사 두세 개 정도는 할 수 있어야 한다. 그런데 막상 건배사를 하는 순간 자신감이 없이 당황하는 사람들을 쉽게 볼 수 있다. 여기 건배사에는 TPO를 활용하면 잘할 수 있다.

건배사의 TPO

T = time(시간)
P = place(장소)
O = occasion(상황)

여기 또 건배사를 잘 할 수 있는 TEC 법칙이 있다. 이것을 잘 활용하면 멋지고 좋은 건배사를 아주 쉽게 할 수 있다.

TEC 법칙

> T = thank you
> E = episode
> C = cheers

T = thank you

건배사의 첫 문은 고마움부터 표시하는 것이다. 자신에게 건배사를 할 수 있는 기회를 준 것에 대해 고마움을 표시하는 것이다. 건배사라할지라도 준비 없는 성공은 없다.

"이렇게 제게 건배제의를 할 수 있는 영광을 주셔서 감사합니다."

E = episode

에피소드를 넣어 건배사를 하는 것이다. 건배사의 에피소드에는 크게 2가지가 있는데, 18번지 에피소드와 현장형 에피소드가 있다.

이렇게 제게 건배제의를 할 수 있는 영광을 주셔서 감사합니다. 제가 오늘 이 모임에서 하고 싶은 건배사는 이런 것입니다.

"진달래"입니다.

"진달래 꽃이 아니라 진하고 달콤한 내일을 위하여!"라는 뜻이라고 하네요.

오늘 모이신 여러분도 반드시 내년에는 "진달래"하시길 바랍니다.

그럼 제가 "진하고 달콤한 내일을 위하여!"라고 외칠 테니, 여러분은 "진달래, 진달래, 진달래"라고 3번 외쳐주시면 됩니다.

"진하고 달콤한 내일을 위하여!"

"진달래, 진달래, 진달래"

C = cheers

건배사의 마지막은 힘차게 선창하고 후창을 하라는 것이다. 건배사의 선창은 크게 해야 후창도 크게 외치게 된다.

제가 "사우나"로 건배제의를 할 텐데요, 사우나는 "사랑과 우정을 나누자"라는 뜻을 갖고 있습니다.

우리 오늘의 우정 영원토록 사우나합시다.

그럼 제가 "사랑과 우정을 나누자"라고 말 할테니, 여러분은 "사우나~"라고 외쳐주세요.

> "사랑과 우정을 나누자"
> "사우나~"

건배사에서 주의할 점은 구호는 크게 외쳐야 한다. 그리고 너무 길게는 하지 말라. 잔을 채울 시간을 줘야 한다. 그리고 건배사에 맞는 퍼포먼스가 들어가면 좋다.

1) 18번지 건배사, 스스로 건배사 의미 찾아 쓰기

건배사	의미
청바지 마돈나 구구팔팔 고진감래 소화제	

2) 좋은 건배사, 소개하기

건배사	건배사의 의미
스마일	스쳐도 웃고, 마주쳐도 웃고, 일부러도 웃자.
쓰 죽	쓰고 죽자.
CEO	시원하게 이끌어주는 오너가 되자.

오행시	오늘도 **행**복한 **시**간을 위해
우거지	**우**아하고 **거**룩하고 **지**성있게
우하하	**우**리는 **하**늘아래 **하**나다.
원더걸스	**원**하는 만큼 **더**도말고 **덜**도말고 **걸**맞게 **스**스로 마시자.
이기자	**이**렇게 **기**분좋게 **자**리를 자주갖자.
찬찬찬	가득**찬**, 희망**찬**, 활기**찬**.
참이슬	**참**되게 **이**롭게 **슬**기롭게

3) 건배사 모음

직원회식

♥ 남행열차 – 남다른 행동과 열정으로 차세대 리더가 되자

♥ 어머나 – 어디든 머문 곳에는 나만의 발자취를(추억을) 남기자

♥ 소녀시대 – 소중한 여러분 시방 잔대봅시다

♥ 앗 싸! 가오리 – 가슴 속에 오래 기억되는 리더가 되자

♥ 주전자 – 주인답게 살고, 전문성을 갖추고 살고, 자신감을 가지고
　　　　　살자

♥ 통통통 – 의사소통, 운수대통, 만사형통

♥ 위하여 – 위기를 기회로! 하면 된다. 여러분 힘내십시오!

♥ 마스터 – 마음껏 스스럼없이 터놓고 마시자

♥ 마무리 – 마음먹은 대로 무슨 일이든 이루자

♥ 오바마 – 오늘은 바래다 줄께 마시자

　　　　　 –오직 바라는 대로 마음먹은 대로 이루어지길

♥ 당신멋져 – 당당하고 신나고 멋지게 져 줍시다

♥ 우리는 / 하나다

♥ 함께 가면 / 멀리 간다

♥ 술잔은 / 비우고, 마음은 / 채우고, 전통은 / 세우자

♥ 선배는 / 끌어주고, 후배는 / 밀어주고, 스트레스는 / 날리자

송별모임

♥고사리 – 고맙습니다. 사랑합니다 이해합니다

♥껄껄껄 – 좀 더 사랑할껄, 좀 더 즐길껄, 좀 더 베풀껄

♥ 변사또 – 변치말고 사랑하자, 또 사랑하자

♥ 나가자 – 나라를 위하여 가정을 위하여 자신을 위하여

♥ 진달래 – 진하고 달콤한 내일을 위하여

사랑-우정-기원

♥ 사우나 – 사랑과 우정을 나누자

♥ 오징어 – 오래도록 징그럽게 어울리자

♥ 사이다 – 사랑을 이 술잔에 담아 다함께 원샷!

♥ 가감승제 건배사– 기쁨은 / 더하고, 슬픔은 / 빼고, 희망은 / 곱하
　고, 사랑은 나누자

♥ 이상은 / 높게 (잔을 높게 들면서)

우정(사랑)은 / 깊게 (잔을 내리면서)

인생은 평등하게 (잔을 모으면서

건강 기원

♥건~배 – 건강은 배려하는 마음에서 온다

♥재건축 – 재미나고 건강하게 축복 받으며 삽시다

♥일십백천만 – 하루에 1번 이상 좋은 일을 하고, 10번 이상 큰소리로
웃고, 100자 이상을 쓰고, 1000자 이상을 읽으며, 10000보 이상 걷자

남녀동반 모임

♥ 당나귀 – 당신과 나의 귀한 만남을 위하여

♥해당화 – 해가 갈수록 당당하고 화려하게

등산모임

♥올보기 – 올해에도 보람 있고 기분 좋게 지냅시다

♥산은 정상까지 (잔을 높게 들면서))–하산은 / 안전하게 (잔을 내리
면서)) 등산은 수준대로 ((잔을 모으면서)

술자리 끝낼 때

♥초가집 – 초지일관 가자 집으로, 2차는 없다

♥ 119를 위하여 – 한가지 술을, 1차에 밤 9시 까지만 먹기

♥ 222를 위하여 – 2가지 술을 섞지 않고 2잔 이상 권하지 않고 2차는

절대 없음

♥ 892를 위하여 −8 시에서 9시까지 끝내고 2차 없음

♥ 마돈나−마시고 돈 내고 나가자 (마지막 술잔 비울 때)

분위기 띄울 때

♥ 지화자 − 지금부터 화끈한 자리를 위하여

♥ 니나노 − 니랑 나랑 노래하고 춤추자

♥ 거시기 − 거절하지 말고, 시키는 대로, 기쁘게

4) 실전, TEC를 활용하여 건배사 원고 만들기

행사 사회 진행시 스토리텔링 스피치

"사회자는 그 행상의 품격이다."라는 말이 있다. 사회자가 어떻게 행사를 진행하는지에 따라 행사가 재미와 의미가 있을 수도 있다. 반대로 따분하거나 지루할 수도 있다.

청중을 압도하고 진행 능력을 발휘하여 목적을 이루기 위해서는 먼저 행사의 성격을 파악해야 한다. 사회자가 행사의 성격을 잘 파악해야 좋은 결과를 얻을 수 있기 때문이다.

행사 사회 진행 스피치 오프닝을 준비해서 말해야 한다. 그 모임에 맞는 오프닝을 준비해서 분위기를 이끌어가야 한다. 격식을 차리되 청중들의 마음도 끌 수 있어야 함을 유의하라. 그리고 카리스마 있게 오프닝을 시작하는 것이 좋다.

요즘 사회자는 그냥 원고만 읽는 것이 아니라 진행시 멘트를 암기하여 능숙하게 진행해 나간다는 것이다. 가볍게 들을 수 있는 날씨, 정보, 에피소드 , 명언, 예화, 유머 등을 넣어 자연스럽게 만들어 진행한다.

다음의 사례를 통해 익히고 연습을 해 보도록 하자.

1) 기본적인 오프닝 스토리텔링 멘트

여러분, 안녕하십니까?

이 자리에 참석해주신 여러분을 진심으로 환영합니다.

오늘 ○○협회 2014년도 정기 특허 발표회 사회를 맡은 ○○○입니다.

먼저 바쁘신데도 불구하고 이 자리에 참석해 자리를 빛내주신 내외귀빈과 성황을 이루어주신 회원 및 참가자 여러분께 진심으로 감사드립니다.

2) 기본적인 오프닝 스토리텔링 멘트

여러분, 안녕하십니까?

지금부터 평화라이온스 구로지구회 5월 발표회를 시작하도록 하겠습니다.

먼저 바쁘신데도 불구하고 이 자리에 참석해주신 여러분께 진심으로 감사드립니다.

먼저 ○○○ 회장님의 인사 말씀이 있겠습니다.

기본 틀에 내가 하고 싶은 에피소드, 명언, 예화, 경험담

등을 넣어 자연스럽게 스토리텔링으로 전하게 되면 분명 사람들은 사회를 잘 본다고 할 것이다. 중요한 것은 사회자의 에피소드를 아주 자연스럽게 마치 대화하듯이 말해야 한다.

3) 에피소드, 명언 등을 넣은 오프닝 스토리텔링 멘트

여러분, 안녕하십니까?

지금부터 평화라이온스 구로지구회 세미나를 시작하도록 하겠습니다.

먼저 바쁘신데도 불구하고 이 자리에 참석해주신 여러분께 진심으로 감사드립니다.

먼저 ○○○ 회장님의 인사 말씀이 있겠습니다.

~

여러분, 자신의 인생과 일을 대하는 마음가짐, 즉 작은 태도의 차이가 거인(巨人)을 만드는 원동력이 됩니다. 태도는 인생을 이끄는 나침반이자 지치지 않고 목표를 향해 움직이게 하는 엔진입니다.

남보다 불리한 조건, 절망적인 상황을 역전시켜 거인으로 성장하려면 '태도의 차이'가 필요합니다.

여러분은 절망, 난관, 역경을 바라보는 태도의 차이 덕분에 성공하셨기에 이 자리에 참석하실 수 있었을 것입니다.

> ~
>
> 오늘 이 평화라이온스 구로지구회 세미나도 작은 긍정
> 적 차이를 갖고 준비하였습니다. 본 세미나를 통해 유익
> 한 지식을 나누고 정보를 교류해 우리 모두가 성공으로
> 한 단계 도약하는 토대가 되기를 바랍니다.

4) 에피소드를 첨가한 스토리텔링 멘트

> 잠시 후 평화라이온스 26차 세미나를 시작하도록 하겠
> 습니다.
> 장내에 계신 여러분께서는 착석해주시길 바랍니다.
>
> 따뜻한 봄 4월에 인사드립니다.
> 본 평화라이온스 사무총장을 맡고 있는 ○○○ 입니다.
> 먼저 바쁘신데도 불구하고 이 자리에 참석해 자리를 빛
> 내주신 내외귀빈과 성황을 이루어주신 회원 및 참가자 여
> 러분께 진심으로 감사드립니다.
> 특별히 수석 ○○○ 회장님과 명예고문 ○○○ 회장님
> 께 감사의 말씀을 전합니다.
>
> 저는 평화라이온스 협회와 굉장히 인연이 깊은 것 같습
> 니다. 10년 전부터 부산라이온스 개회대회와 인연을 맺게
> 되었고, 저의 아내도 제주라이온스 협회 회원이랍니다.

또한 오늘 평화라이온스 협회 26차 세미나에서 또 다른
인연을 맺게 되어 정말 영광입니다.

내빈소개도 자연스럽게 스토리텔링으로 말할 수 있어야
사회를 잘 본다고 할 수 있다. 행사에 참석한 내빈을 소개할
때는 정말 신중하게 말을 해야 한다. 적합하고 그 내빈과 어
울리는 어휘를 택하여 말을 한다. 내빈 소개를 할 때 직함과
성함을 틀리게 말하면 상대방의 기분을 언짢게 할 수도 있
기 때문이다. 당연히 행사의 공신력과 격이 떨어질 수 있다.
반대로 내빈소개를 훌륭하게 잘 하면 그 행사의 공신력과
격이 올라간다.

내빈 소개에서 호칭이나 직함은 높은 가치로 소개하는 것
이 좋다. 또 내빈소개에서 어느 분을 먼저 소개할지의 순서
는 아주 중요하다. 그러므로 소개시 책임자로부터 순서를
확인해야 한다.

내빈 소개 순서 공식
[단체 + 성함 + 직함]

평화라이온스 협회/정병태/ 회장입니다.

소개시 지루지
않도록 한 분 한
분 소중한 의미를
담아 소개를 한다.

반드시 추임새 멘트를 해야 한다.

사회자는 행사 중간 중간을 부드럽게 연결해주는 것임을 잊지 말라. 적절히 연사의 내용에 맞게, 순발력있게 추임새 멘트를 넣어 주어야 한다.

그냥 평범한 "네, 좋은 말씀 감사합니다."라고 끝내는 것은 좋지 않다.

간단한 추임새 멘트를 넣어서 말한다. 그렇기 위해서는 사회자는 연사의 내용에 귀를 기울여 들어서 핵심을 정리해 둔다.

발언자의 말을 거들어 줄 수 있다.

내성적이거나 발표력이 부족한 사람은 "참 좋은 말씀입니다. 조금 더 말씀해 주십시오."라고 거들 수 있다. 이 역시 대단한 판단력이 중요하다.

(연사의 내용이 철저한 시간관리 내용이었다면...)

-사회자
① 시간 경영이 아주 중요합니다.

미리 철저하게 준비하고 계획하면 시간도 단축할 수 있고 전체적인 비용도 줄일 수 있습니다.
여러분, 철저하게 준비해 우리도 시간경영을 잘 합시다.

② 네, ○○○ 회장님께서 시간 경영의 중요성에 대해 말씀해주셨습니다.
정말 많은 공감이 됩니다.
한 조사를 보니, "미국에서 성공한 수많은 실업가들의 성공 비결을 보니, 그들은 누구나 다 오늘이라는 24시간을 가장 효과적으로 쓸 수 있는 독특한 재능을 가지고 있었다"고 합니다.
여러분, 오늘 좋은 강연을 해주신 ○○○ 회장님께 다시 한 번 큰 박수를 부탁드립니다.

행사 진행시 예기치 않은 돌발 상황이 일어날 수 도 있다. 그래서 반드시 리허설을 하는 것이 좋다. 그리고 늦게 오시는 귀빈의 성함과 직함도 파악해 둔다. 또 모든 진행이 제시간에 끝낼 수 있도록 시간 관리를 철저히 한다. 아무튼 사회 진행자는 모든 상황에 대처할 수 있도록 미리 철저하게 대비해 둔다.

〈실전 실습〉 행사 사회 진행하기

① 위 사회 진행시 완성된 멘트를 10번씩 쓰고, 큰 소리로 당분간 10번씩 읽고 리허설 하듯이 연습해 본다. 충실히 훈련하면 명名 사회자가 될 수 있다.

② 실전으로 행사 사회를 진행 해 본다. 연사는 3분 스피치를 준비하되 주제는 시간 관리이다. 발표 연사는 3명으로 한다. 먼저 사회자가 모임을 소개하고 연사의 소개함으로 실전처럼 진행해 본다.

단 체 명 : 성공을 준비하는 모임(성준모)
발표 주제 : 시간관리의 중요성
시　　간 : 3분
발 표 자 : 3명
사 회 자 : 홍길동

장   소 : 구로대학원

③ 실전 행사 진행 원고 만들기

OPENING / 관심

BODY / 내용

CLOSING / 감동

35 원고 작성의 흐름도

    스피치란 한마디로 주제에 해당되는 자료를 모으고 해석하여 작성하고 전달하는 것이다. 이는 철저하게 반복적인 훈련이 필요하다. 아무튼 매일 매주 원고 작성 훈련을 해야 한다. 그 흐름은 아래와 같다. 이 원칙을 지키고 원고 작성 훈련을 하게 되면 좋은 결과를 얻을 수 있다.

> **[주제, 제목]**   +   **[관찰, 해석]**   +   **[적용]**

    원고는 전달자의 책상에서 작성된다. 어떻게 작성되느냐가 전달에도 크게 영향을 미친다. 이 작성 과정에서 쉽고 간결하게 그리고 핵심적인 정리가 이루어져야 전달력도 좋아지게 된다. 사람들은 언제나 쉽게 해석하여 전달해 주는 것을 좋아한다. 다음은 실제 원고 작성의 흐름도이다.

〈원고 작성 흐름도〉

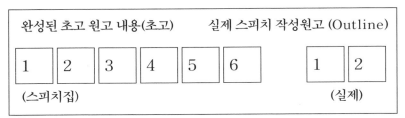

- 많은 것이 좋다.
- 서론, 본론, 결론 등 구조화되지 않아도 된다.
- 주로 서재 등 책상에 이루어진다.

- 초고의 3분 1
- 소화된 중요한 핵심
- 간략한 나열법 작성

다음은 스피치 작성시 순서이다. 작성 훈련시 아래의 기본적인 원칙을 지키며 작성하는 것이 중요하다. 나중에 좋은 효과를 얻을 수 있기 때문이다.

〈원고 작성순서 요령〉

서론 – 주제 작성법 – 제목과 대지 그리고 도입부이다.

        (1) 관찰 작성법(한 대지마다 관찰 해석 적용으로 작성한다.)

(본문)   (2) 해석 작성법

        (3) 적용 작성법

> **결론** – 대지를 한 번 더 강조한다.

 36 서론 본론 결론의 3단계 원고작성

스피치 내용의 구성은 도입 부분, 본론 부분(본문), 결론 부분 이렇게 세 유형으로 구분 지을 수 있는데, 다 그런 것만은 아니다. 필요에 따라서는 본론 부분이라 결론 부분만 이야기해야 하는 경우도 있을 것이다. 어떤 틀에 의해 작성되지 않을 수 도 있다. 스피치의 성격에 따라서 스피치 내용을 맞추어 준비하는 것이 바람직하다.

일반적으로 스피치시 내용구성은 다음과 같다. 주제와 화제가 정해졌으면 말을 구성해야 한다. 구성이 부실하면 중언부언하다가 정작 자신이 전달하고자 하는 메시지는 정확하게 전달할 수 없는 경우가 많다. 훌륭한 스피치를 위해서는 효과적인 구성이 무엇보다 중요하며, 그 구성이 산뜻하면 듣는 사람에게 강하게 어필할 수 있다. 그러므로 3단계 원고 작성법이란 스피치를 "서론, 본론, 결론" 혹은 "시작 말, 주제, 맺는 말"로 진행시켜나가는 형식을 말하는 것이다. 가장 일반적으로 많이 사용하고 있는 스피치 구성이다.

1단계 - 서론 :

　　　자신이 말하고 싶은 것, 기대감과 흥미를 주는 것, 문제제기

2단계 - 본론 :

　　　문제제기를 뒷받침할 수 있는 보조 화제들

3단계 - 결론 :

　　　자신의 의견, 주장, 해결책

이와 같은 3단계 구조화된 스피치 작성이 가장 좋다. 보통 원고 준비는 이처럼 서론, 본론, 결론 단계를 통해서 만들어지며 그리고 전달되어지는 것이다. 가장 논리적이고 전달하기 좋은 이론이다.

---

37 스피치 개요서(outline) 작성법

　모든 스피치에서 가장 자연스럽고 청중과의 커뮤니케이션을 가장 원활하게 할 수 있는 방법은 개요서에 의한 메시지 전달이다.

　이것은 스피치를 준비하는 과정에서나 그것을 실행하는 과정 모두에서 완성된 대본을 사용하지 않고 개요서 만을 작성한 후 이에 기초하여 스피치를 연습하고 실행하는 방법이다. 개요서outline란 스피치의 중요 내용이다. 즉 주요 아이디어와 세부 내용의 골자만을 간결하게 적어둔 미완성 스피치 대본을 가리킨다.

　개요서만을 가지고 연습을 하게 되면 자신의 아이디어를 다양하게 표현해 볼 수 있는 기회를 갖게 된다. 개요서에는 골자만 나오기 때문에 연습할 때 마다 표현이 달라질 수밖에 없고 연습을 거듭하다 보면, 하나의 골자를 여러 가지로 표현해 보게 된다.

요점정리의 흐름도

초고 원고 (연구/탐구/수집)	요점정리	전달법
①②③④ …	--> A.---- a) -- b) -- B.---- 1) --- ① -- ② -- 2) ---	--> - 무원고 - 약간 의존 - 많이 의존 - 기타

요점정리 개요서의 구성

요점정리 된 개요서는 대본보다 훨씬 간결하며 그 내용들이 일목요연하게 정렬된다. 준비 개요서는 주제, 세부 목적, 핵심 명제, 서론, 본론, 결론, 그리고 관찰, 해석, 적용으로 구성된다.

- 머리 부분에 주제, 세부 목적, 핵심명제를 따로 적어둔다.
- 각 부분의 조직에 유의하라.
- 번호와 들여쓰기에 일관성을 확보하라.

예) 바른 번호매김과 들여쓰기

1. 감기란 바이러스 감염을 가지고 있다.
　　1) 감기란 바이러스성 질환이다.
　　　　① 감기란 바이러스이다.
　　　　② 감기란 바이러스 질환이다.
　　2) 감기의 증세는 서로 비슷하다.
　　　　① 콧물이 난다.
　　　　　　ⓐ 계속적으로 콧물이 난다.
　　　　　　ⓑ 뚝뚝 떨어진다.
　　　　② 열이 난다.

- 한 번호에는 하나의 아이디어만 적어라.
- 주요 아이디어, 서두 그리고 결말은 모두 완전한 문장으로 표현하는 것이 좋다.

결론:

---

1. 이제 제 이야기를 마무리할 단계가 된 것 같습니다.
2. 지금까지 드린 말씀을 요약하면,
    1) 동성동본 금혼규정은,
    2) 이에 대한 대안으로 일정 촌수내의 결혼을 금하는 규정을
3. 따라서 저는 금혼법 자체의 완전한 폐지를 주창하는 바입니다.
4. 제 주장이 받아들여지는 날 우리의 힘겨워 하는 연인들은 즐거워하는 여인들이 될 것입니다.

〈실전 훈련〉 실행 개요서 작성하기

실행 개요서란 실전에서 스피치를 실행할 때 참고로 하기 위해서 작성하는 준비 개요서의 요약본이다. 스피치를 할 때는 준비 개요서가 너무 방대해서 참고하기 어려우므로 내용을 기억하는 데 도움이 되는 중요한 단어나 문구를 중심으로 하여 실행 개요서를 작성할 필요가 있다. 실행 개요서 작성시 주의사항은 아래와 같다.

- 준비 개요서의 번호체계를 그대로 사용하라.
- 읽기 쉽고 눈에 띄도록 만들라.
- 내용뿐 아니라 실행시 주의 사항도 적어두면 좋다.
- 주요 통계나 인용문 등은 자자구구 적어두라.
- 용지는 손에 쥐기에 적당한 크기로 사용하라.
- 다양한 기호나 표시를 사용한다.

　개요서로 옮겨 작성할 내용은 논리적이고 체계적이어야하며 아주 객관적이고 보편타당성이 있어야 한다. 그리고 스피치를 작성하고자 할 때 쉽게 눈에 띄고 명확하게 하기 위해서 다음과 같이 한다.

(1) 강조할 부분은 굵게 써 넣도록 한다.

(2) 번호에 체계를 잡아 순서대로 진행되도록 한다.

(3) 중요한 사항 또는 특별한 내용 등에는 특수한 표시를 해둔다.(◆ ➡ ☞ ※ /)

(4) 컬러펜이나 형광펜을 사용한다.

(5) 등호 표시와 여백, 박스 등을 활용한다.

　그리고 내용을 전달하는데 있어서 최대한 창의적이고 독창적인 내용이 될 수 있도록 해야 한다. 더 나아가서 스피치 작성이 가능하면 구체적으로 작성할 것을 권한다. 가장 중요한 것은 쉽게 작성되어야 한다.

〈실제 준비과정 흐름도〉

```
            (초고)              (준비된 개요서)
 주제 --〉 연구/자료 --〉 내용을 정리 --〉 요점정리
```

- 개요서 작성 전에 충분한 사전 조사를 하고 배열한다.
- 개요서 작성 전 원고를 구어체로 작성한다.
- 서론 본론 결론 중요한 키워드만 기록한다.
- 연습은 완성된 개요서를 보고 한다.
- 결코 많은 것을 담으려고 하지 않는다.
- 핵심적인 수치, 통계, 사람 이름, 연도 등은 꼭 적는다.

다음은 실전 훈련에 앞서 내용 구성의 구체적인 개요서 예이다. 아주 일반적인 개요서 작성이므로 이와 같은 형태

를 갖추는 훈련을 해 두는 것이 좋다. 기억하라. 메시지는
준비된 원고 그대로 전달되는 것이다.

---

1. 개요(summary): 도입부분(전체)

"오늘 말씀드릴 것은 세 가지가 있습니다."

우선, 첫째는,

두 번째는,

셋째는, ――― 입니다.

2. 본론(detail): 상세

첫 번째 ――― 을 설명하겠습니다.

다음으로 두 번째 ――― 을 설명하겠습니다.

끝으로 세 번째 ――― 을 설명하겠습니다.

3. 정리: 결론부분

이상으로

첫째는 ――― 이 ..... 라는 것이다.

둘째는 ――― 이 ..... 라는 것이다.

셋째는 ――― 이 ..... 라는 것, 세 가지 사항에 대하여 말씀
드렸습니다.

Tip 스피치 작성에 관한 규칙 7가지

(1) 충분한 시간을 가지고 작성한다. 급하게 작성한 자료는 오류와 문제가 있게 마련이다.

(2) 자료를 만든 후 반드시 여러 차례 오탈자가 없는지 확인해서 이상 없다고 판단 할 때까지 여러 번 확인해야 한다.

(3) 영문을 사용할 때는 대,소문자를 혼용해서 사용하는 것이 좋다. 가장 적합하게 사용한다.

(4) 글자만으로 구성된 자료는 싫증을 느끼게 한다. 그러므로 적절한 그림이나 도표, 그래프 등을 첨가한다.

(5) 스피치하는 내용은 일관성을 가져야 한다.

(6) 페이지 번호를 넣어라.

(7) 완성시킨 후 반드시 연습을 해 보아야 한다. 리허설을 하면서 오탈자를 발견할 수 있고, 보다 부드러운 전달 진행이 가능하도록 만든다.

38 사람들이 좋아하는 목소리 3가지

　능력있는 프로페셔널 목소리를 만드는 훈련법으로 역시 프로다워 보이는 명강사의 목소리는 발음이 명확하고 힘 있고 자신감 넘치는 목소리, 전형적인 아나운서의 목소리를 좋아한다는 것이다. 즉 한마디로 신뢰감을 주는 목소리를 좋아한다.

　사람들이 좋아하는 목소리란 나만의 개성과 색깔을 입히는 것이다. 즉 울림이 있는 음색과 톤을 갖고 있는 것이다. 목소리, 발음, 말투가 차지하는 비중은 매우 크다. 그러므로 날마다 하루 30분씩 훈련을 통해 프로페셔널 목소리, 성공을 부르는 목소리, 호감형 목소리를 가질 수 있다.

프로페셔널 목소리 3가지

① 안정적이고 단정한 목소리

② 또렷한 발음의 목소리

③ 명료하게 들리는 특유의 억양과 어투의 목소리

재차 강조하지만 성공한 사람들의 특징은? <목소리가 좋다>는 것이다. 목소리만으로도 매력적이다. 윤기 있고 깊이 있는 목소리를 갖고 있다. 좋은 목소리는 훈련을 통해 연출될 수 있다. 이는 목소리 트레이닝을 반복하고 훈련함으로서 개선되고 교정될 수 있다. 그러므로 전달력과 설득력의 효과를 볼 수 있다.

그리고 사람의 입에서 나오는 소리의 억양은 3가지이다. 그런데 그 사람의 말투에 따라 결과는 너무도 다른 결과를 얻는다.

목소리의 3가지 억양

① 날카로운 목소리 = 어미가 올라간다.
② 밋밋하고 단조로운 목소리 = 일자형 말
③ 동그란 목소리 = 동그랗게 굴려서 하는 말

한 호흡으로 둥근 억양을 적용해서 글을 읽으면 둥근 억양의 스피치를 하게 된다. 동그랗게 부드러운 목소리를 연출하는 것이 가장 좋은 목소리 훈련법이다.

39 스피치의 능력을 키우는 10가지 비결

　좋은 스피치 능력과 매력적인 목소리 능력을 갖추려면 반드시 다음의 요소를 갖추어야 한다. 그래야 나의 말에 리듬감과 강약고저의 능력을 갖춘 스피치를 할 수 있다. 아래의 스피치의 기본적인 4가지 원칙과 목소리의 6요소를 갖추기 위해 부단히 연습하고 훈련해야 한다.

스피치의 능력을 키우는 10가지 비결

스피치의 기본적인 4가지 원칙

(1) 천천히,　　　　　(2) 큰 목소리
(3) 또박또박,　　　　(4) 자연스럽게

목소리의 6요소

(1) 빠르기,　　(2) 크기,　　(3) 높이
(4) 길이,　　　(5) 쉬기,　　(6) 힘주기

목소리는 그 사람의 인격, 성격, 이미지, 재산이다. 얼굴은 돈을 들여 성형수술이 가능하지만 목소리는 수술로는 안 되며 오직 훈련으로만 가능하다. 호흡, 발성, 발음 등을 차근차근 훈련해 나아가야 한다. 그래야 좋은 목소리, 윤기 있는 목소리를 만들 수 있다.

오행원리 목소리 훈련하기

목소리는 그 사람의 건강 상태를 체크할 수 있는 청진기이다. 건강한 몸에서 건강하고 좋은 목소리가 나온다. 그래서 소리에는 '오음'이 있다. 이 오음은 5장 6부와 관계가 있다. 그래서 이것을 한의학에서 '오행원리'라고 한다. 다음의 각 음을 20초 이상 끌어주면 건강한 5장 6부의 기능을 갖고 있는 것이다.

오행원리

아~ = 폐,　　　음~ = 비장,　　이~ = 심장

어~ = 간,　　　우~ = 신장

오음을 내는 훈련을 통해 건강한 목소리, 맑고 힘이 있으며 울림이 있는 목소리를 낼 수 있다. 특히 깊이 있고 울림이 있는 복식호흡법으로 말하게 된다.

41 복성 스피치 훈련

보통 소리는 공기가 올라와서 후드를 지나가면서 닫혀 있는 성대를 진동시켜 소리를 낸다. 일반적으로 남자의 경우는 성대가 1초에 120~150회, 여자는 220~250회 떨림을 유지한다. 이 공명(울림) 5곳에서 이루어진다. 일반적인 스피치는 복성을 쓰면 좋다. 복성은 배에서 힘을 주어 내는 소리이다. 즉 복식호흡법으로 말하는 것이다.

복성 훈련법

① '아~,오~,이~,에~,우~' 떨림이 있을 때 공명한 '아
~' 소리를 낼 수 있다.
② 배에 힘을 주거나 배를 접고 몸은 구부리고 책을 크
게 읽는다.
③ 웃으며 말하기, 웃으면서 말을 하면 복성이 길어진
다.
④ 큰 소리내기, "나는 할 수 있다" "스피치에 강한 사람
이 성공한다."
⑤ 목소리에 공명(울림)이 있게 하기위해서는, 음에 맞
게 입의 모양을 하고 입을 크게 벌린다. 아치형으로
말이다.

42 공명한 키톤 Key Tone 만들기

　배에서 출발한 호흡이 폐에서 나온 공기가 성대를 진동해 생기는 울림의 소리이다. 이는 이완상태에서 가능하다. 공기의 흐름과 진동으로 성대, 후두개, 구강, 비강의 변화를 주어 소리를 만들어 내는 것이다. 발성구조를 통해 최적의 목소리 톤, 가장 자연스러운 자기 목소리를 내는 것이다. 울림이 있는 공명한 소리는 명확하게 멀리까지 전달된다.

공명한 키톤 Key Tone 만들기

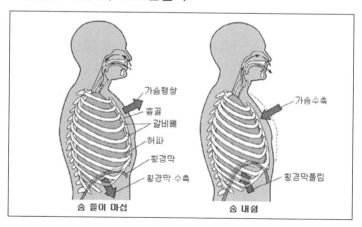

가슴팽창
흉골
갈비뼈
허파
횡경막
횡경막 수축

가슴수축

횡경막풀림

숨 들이 마심　　　　　숨 내쉼

히~ 히~ 히~ : 앞니와 인중(앞니를 덮고 있는 곳) 부분
이 진동한다.
허~ 허~ 허~ : 입안에서 둥글게 진동한다.
하~ 하~ 하~ : 가슴 전체가 진동한다.
음~ 음~ 음~ : 코와 입 주변에 공명음이 생긴다.

음~~
음~~마~~
음~~마~~미~~
음~~마~~미~~모~~
음~~마~~미~~모~~무~~메~~
음~~마~~미~~모~~무~~메~~허~~

아~~
바~~
안~녕~하~세~요~
반~갑~습~니~다~

내 몸에 맞는 키톤Key Tone, 자신의 발에 맞는 신발 사이즈가 있듯이, 자신의 몸에 맞는 옷 사이즈가 있는 것처럼 내 몸에 맞는 목소리가 있다. 이것을 키톤이라고 말한다. 이 목소리는 편안함과 신뢰감을 준다. 자연스러운 목소리이다. 자신의 목소리의 출발점이기도하다.

43 동그란 목소리

사람이 내는 소리는 크게 3가지로 구분할 수 있다. 호흡의 종류로도 구분될 수 있다. 먼저 목에서 소리를 내는 호흡이다. 이는 아주 약한 호흡을 내는 목소리이다. 두 번째는 흉식 호흡법이다. 이는 가슴에서 호흡을 하는 것이다. 그리고 가장 중요한 복식 호흡법이 있다. 이는 배(단전) 밑에서부터 호흡하는 것을 말한다. 단전호흡이라고도 말한다.

(1) 목의 소리이다.

(2) 가슴의 소리이다.

(3) 그리고 배(복식)의 소리이다.

가장 좋은 목소리는 어미가 동그란 목소리이다. 어미가 올라가거나 밋밋한 일자형은 청중을 주목시킬 수 없다. 올라가면 날카롭다, 일자로 말하면 지루하다, 그러나 동그란 목소리는 편안하다. 그러므로 평상시 동근 억양 훈련법을 해야 한다.

동그란 목소리 훈련하기

나는 어제/ 파고다 음식점에서/ 라면을/ 맛있게/ 먹었습니다.

정부는/ 올 하반기 경제전망에서/ 부동산 시장이

하향 안정세를 유지할 / 것으로/ 전망했습니다.

기발한 아이디어는 / 어린아이와 같은

순진무구한 질문에서 나온다.

44 기본 '아, 에, 이, 오, 우' 발성 훈련하기

'아, 에, 이, 오, 우' 입 모양은 크게, 혀 위치는 낮게, 첫음절에 악센트를 주는 것이다. 좋은 목소리는 후두 안에 있는 성대의 울림을 통해 발현된다. 성대는 열렸다 닫혔다를 반복하며 울림을 만들어낸다. 이처럼 좋은 목소리를 내기 위해서는 많은 기관의 도움을 받아야 한다.

일단 입 모양을 크게 해 발음이 소리에 묻히지 않도록 해야 한다. 발음을 정확하게 하기 위해서는 먼저 입을 크게 벌리기이다. 우리말에는 모음이 총 21개가 있는데, 단모음 10개, 복모음 11개로 이루어져 있다. 기본모음은 '아 에 이 오 우'이다.

〈입 모양을 크고 정확하게 벌리기〉

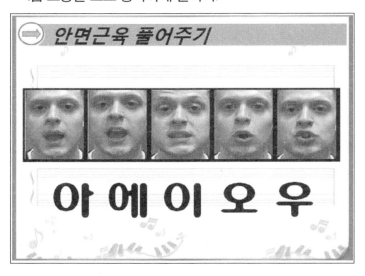

공명을 일으키는 모음

이여아 유아 유여아 이으 야우으 오요아 아아이 어여
으 아오 이으이 어여아 여애이 아이 여어으 오아아
우애 여에에 우여외으 아오아 오아이 아애애으이아.

기형아 유발 우려가 있는 약물을 복용
한 사람이 헌혈을 하고, 이들이 헌혈한
혈액이 가임 여성을 포함한 수백 명에
게 수혈되는 사고가 또다시 발생했습
니다.

⟨기본 발성 훈련⟩

입을 크게 벌리고 정확한 발음을 내는 훈련을 한다. 발음
을 뚝뚝 끊어서 내뱉는다. 목에 힘을 주지 않고 자연스럽
게 음을 낸다. "아, 에, 이, 오, 우 / 가, 나, 다, 라, 마, 바,
사, 아, 자, 차, 카, 타, 파, 하"

ㄱ + ㅏ = 가

ㄴ + ㅏ = 나

ㅏ, ㅕ, ㅑ, ㅖ, ㅛ

안 녕 하 세 요.

⟨혼동하기 쉬운 모음⟩

아기, 이마, 바지, 사다리, 다리미/

오리, 수영, 오빠, 우우, 노루/

야구, 야외, 여우, 겨울, 요리, 효도, 유리창, 유치원/

덕, 득, 털, 틀, 걸, 글/

개, 게 / 배, 베/ 새, 세/ 모래, 모레/ 남매, 메주/ 셈, 샘/ 재
발, 제발/ 내가, 네가/

(애는 에보다 입 모양이 크다)

에누리, 누에/ 예절, 무예/ 예, 애/

과학, 과자, 원두막, 화단, 권투, 뭐든지, 원수, 사과해/
우레, 가위, 위치, 기회, 외나무, 두뇌, 두더쥐/
외마디, 돼지/ 외삼촌, 왜/ 외국, 왜곡/ 쇠고기, 왜가리/
(외의 경우 웨로 발음한다.)

〈소리, 받침, 변화, 구개음화시 발음〉

담력 [담녁], 정리 [정니], 난로 [날로], 닫는 [단는], 줄
넘기 [줄럼끼], 왕릉 [왕능], 돌립 [동닙], 칼날 [칼랄],
입는 [임는], 젖먹이 [전머기], 광한루 [광할루], 동래
[동내], 대관령 [대괄령], 왕십리 [왕심니], 생산량 [생
산냥], 이원론 [이원논], 결단력 [결딴녁], 상견례 [상견
네], 옷맵시 [온맵씨], 함박눈 [함방눈], 굳이 [구지], 맏
이 [마지], 미닫이 [미다지], 같이 [가치], 해돋이 [해도
지], 샅샅이 [산사치], 낮 [낟], 숲 [숩], 닭 [닥]

45 어려운 단어와 문장 발음 훈련하기

어려운 단어와 문장 등 발음 연습으로 좋은 목소리를 갖출 수 있다. 꾸준히 하루 10분씩 아래의 어려운 단어와 문장을 발음 연습한다. 곧 힘없고 어눌했던 발음이 명확하게 된다.

> ## 발음 연습

얄리얄리 얄라셩 얄라리 얄라
머루랑 다래랑 먹고 청산에 살리라 얄라리얄라

간장공장 공장장은 강 공장장이고
된장공장 공장장은 장 공장장이다.

작년에 온 솥 장수는 새 솥 장수고
금년에 온 솥 장수는 헌 솥 장수다.

앞집에 있는 말뚝이 말 맬 말뚝이냐 말 못 맬 말뚝이냐

한국관광공사 곽진관 관광과장

강낭콩 옆 빈 콩깍지는 완두콩 깐 빈 콩깍지이고 완두콩 옆 빈 콩깍지는 강낭콩 깐 빈 콩깍지이다.

재석이네 앞집팥죽은 붉은 팥 풋 팥죽이고 뒷집 콩죽은 햇콩 단콩 콩죽이다.

춘천 공장창 창장은 편 창장이고, 편촌 공장창 창장은 황 창장입니다.

저기 저 미트소시지 소스스파게티는 크림소시지 소스스 테이크보다 비싸다

앞집 꽃집은 장미꽃 꽃집이고 옆집 꽃꽂이집은 튤립꽃 꽃꽂이집이다.

닭발바닥은 싸움닭발바닥이 제일크고 밤발바닥은 쌍밤 발바닥이 제일 크다

대한관광, 대한관광공사, 대한관광공사 공무원

46 말의 마디를 끊어서 읽기

필요한 곳마다 말의 마디를 끊어서 읽어주어야 한다. 즉 말의 마디를 끊어서 읽어주는 훈련을 한다.

"," 는 2초의 쉼,

"?" 는 2-3초의 쉼,

"/" 1초의 쉼,

"//" 2초 정도를 쉬고 난 다음에 글을 읽는다. 느낌으로 끊고 쉼을 주어야 한다. 또한 전환어, 연결사 등 쉼을 주어 읽는다.

훈련문구

여러분, 한 마디의 긍정적인 단어는 듣기만 해도 사람들에게 활기를 주고 웃음을 주고 넘치는 에너지를 준다. 반면 부정적인 단어는 떠올리기만 해도 사람들을 화가 나게 하고 불안하게 하고 분위기를 어둡게 만든다. 지금 당신은 어떤 말을 하고 있는가?

47 단어와 문장 강약고저 스피치

문장 중에 강조되는 단어에 힘을 주고 그 내용을 강조한다. 그러므로 문장에 힘이 있게 된다. 강조에는 주어, 대상, 행위, 상황 등 어조와는 다르게 강약의 음성 변화에 중요한 의미를 가지고 있다.

주어를 강조

<u>나는</u> 절대로 찬호를 때리지 않았다.

<<u>그는</u> 어제 밤 내 시계를 훔쳤습니다.>
<그는 **어제** 밤 내 시계를 훔쳤습니다.>
<그는 어제 **밤** 내 시계를 훔쳤습니다.>
<그는 어제 밤 **내** 시계를 훔쳤습니다.>
<그는 어제 밤 내 **시계를** 훔쳤습니다.>
<그는 어제 밤 내 시계를 **훔쳤습니다.**>

그리고 문장 강약고저 스피치, 이는 문장의 강약고저 스피치를 훈련하는 것이다. 그러므로 목소리에 점층적으로 변화를 주는 것이다. 그러면 리듬감을 갖게 된다.

예문

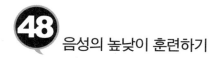

48 음성의 높낮이 훈련하기

가장 낮은 음성 10음에서 100음까지 있다. 음성의 높낮이를 주어야 단조로움과 지루함을 피하고 생동감 있는 스피치를 할 수 있다. 톤에 변화를 주는 것이다. 음성의 높낮이를 자유자재로 발성할 수 있어야 한다.

예문

나는 할 수 있다.

10 ---> 100

100 ---> 10

50 ---> 100

70----> 30

40----> 80

90----> 20

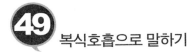 **복식호흡으로 말하기**

배에 숨을 가득 채운 다음 숨을 끌어올려 말하는 것이다.
들숨과 날숨으로 호흡을 한다. 공명점을 찾아 울림의 소리
를 낼 수 있다. 좋은 목소리는 복식호흡법으로 발성해야 한
다. 숨을 크게 들이마신 다음 "아~~"하고 20초 동안 숨이

끊어지기 직전까지 뱉어본다. 호흡이 길어야 좋은 목소리를 낼 수 있다. 기본 20초는 끌어줄 수 있어야 한다. 그래야 성량이 좋고 목소리에 자유자재로 변화를 줄 수 있기 때문이다.

---

① 코로 공기를 폐 속 깊숙이 들이마신다. 이때 배는 풍선의 원리처럼 팽창하게 된다. 입은 다물고 코로 공기를 최대한 마신다.

② 그런 다음 2초 정도 멈추었다가 "후~"하면서 천천히 입으로 모두 뱉는다. 숨을 길게 쉰다는 것이다.

③ 이번엔 한쪽 콧구멍을 막고 다른 한쪽으로만 숨을 쉰다. 이 과정을 교대로 반복한다. 이때 호흡이 배 밑으로 내려가게 하면 그것이 바로 단전호흡이다.

이와 같은 과정을 약 10분 동안 반복하여 훈련한다. 그러면 당신은 곧 배로 숨 쉬는 복식 호흡법을 갖게 될 것이고, 호감 가는 나만의 좋은 목소리를 지니게 된다.

50 배를 충천하는 호흡법

배를 강화시키는 호흡법이 있다. 이는 충분한 공기를 마시는 것이다. 마치 풍선에 바람을 불어 넣듯이, 자동차에 기름을 넣듯이 충분히 깊이 호흡을 들여 마신다.

호흡을 조금만 내 쉬고 많이 들여 마신다. 배에 힘이 들어가는 듯이 느껴지게 된다. 속에 있는 나쁜 기운이 바깥으로 나간다. 신선한 기운이 안으로 들어간다.

> (1) 호흡을 들여 마신다.
> (2) 매일 5분에서 10분 정도한다.
> (3) 이러한 호흡법을 반복한다.

그 요령으로는 1~4를 셀 때까지 숨을 들이 쉬고, 1~2를 세는 동안 숨을 멈추고 최대한 길고 끊어지지 않게 "후~~" 소리를 낸다.

효과로는 덜 피곤을 느낀다. 몸이 가볍고 부드러워진 것을 느낀다. 자신감이 생기며 여유가 생긴다. 무엇보다도 자신의 목소리가 달라진다. 점점 굵어지고 부드럽고 윤택하게 된다. 말이 쉽게 흘러나온다. 묵직한 소리를 가지게 된다.

부르짖는 훈련

(1) 배에 힘을 주고 크게 외치는 것이다.

(2) 배에 힘을 주고 낮은 목소리로 외치는 것이다.

(3) 배에 힘을 주고 책을 읽거나 노래를 부르는 것이다.

〈실전〉 스피치 사례별 발표하기

- 인사말

- 자기소개

- 축사

- 격려사

- 월례회 인사말

- 정보 전달

- 강의

- 발표

- 회장 선거

- 성공 경험담

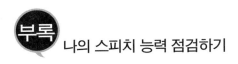

부록 나의 스피치 능력 점검하기

다음의 언어적 요인과 비언어적 요인을 잘 구성하여 구체적으로 평가함으로서 스피치의 능력을 개발할 수 있다. 스피치의 세부 구성요인은 아래와 같다.

항목	스피치 자가 평가	평가내용
콘텐츠	1. 스피치의 목표와 주제는 명확했는가? 2. 스피치의 아이디어와 정보가 훌륭했는가? 3. 다양한 종류의 자료를 준비했는가? 4. 내용이 청중의 흥미, 지식 정도, 태도에 적당한 것이었나? 5. 충분히 연구한 흔적이 있는가?	
조직 구성	6. 도입부, 서론은 청중의 흥미를 유발했는가? 7. 스피치의 주제를 강조하여 말했는가? 8. 서론, 본론, 결론 등으로, 잘 전개되었는가? 9. 결론이 잘 마무리 되었는가?	

언어 스타일	10. 구어체, 대화체 스타일이었는가? 11. 표현력이 좋았는가? 12. 강약고저 등의 언어가 생생했는가? 13. 언어 스타일은 청중에게 적절했는가?	
전달	14. 열정적으로 보였는가? 15. 청중을 보고 말하였는가? 16. 자연스럽게 말하였는가? 17. 발음과 발성, 억양이 적절하였는가? 18. 좋은 자세를 보여주었는가? 19. 몸 움직임과 제스처는 적절했는가? 20. 청중의 반응은 좋았는가?	
평가	A:훌륭함, B:좋은, C:만족, D:보통, E:부족함, F:노력이 필요	

자신의 목소리 진단하기

우선적으로 말을 잘하는 말꾼, 명강사, 언변가 그리고 불안증 떨림증 초조 등을 극복하기 원한다면 자신의 강의, 발표, 대화시 목소리와 말투 등을 면밀히 관찰해 보라. 자세히 관찰하게 하고 개선해야 할 점들을 발견하는 것이 좋은 말꾼이 되는 첫 번째 지름길이다. 자신의 발표력의 장단점을 알고 있는 것은 매우 중요하다.

발성, 발음, 리듬감, 호흡, 강약고저, 말투 등의 점검이 필요하다.

번호	스피치 자가 평가	체크 점수	점수
1	나의 목소리 크기가 적절한가?		
2	말하는 강약속도가 적당한가?		
3	발음은 또박 하고 정확한가?		
4	목소리에 악센트 효과가 있는가?		
5	목소리가 안정되고 차분한가?		
6	목소리에 감성이 들어가 있는가? (감정이입 능력)		
7	몸동작의 효과를 주고 있는가? (제스처)		

8	시선처리 능력, 말할 때 사람들의 얼굴을 살펴보는가?		
9	시각적 효과가 있는가?		
10	전달에 열의가 느껴지는가?		
11	발표에 준비된 시작과 끝이 있는가?		
12	청중들이 참여할 기회는 주는가?		
13	청중들을 적절히 칭찬했는가? 격려했는가?		
14	호기심, 기대감, 동기부여를 유도하는가?		
15	주어진 시간을 잘 지켰는가?		
16	스피치에 끝맺음(결론)이 있는가?		

합산 결과(만점 160점)

각 항목마다 10점 만점으로 점수를 합산하여 결과를 내라. 16항목의 점수를 합산 결과 100점이 넘으면, 열심히 노력만 하면 개선이 가능한 점수이다. 그 이상은 아주 우수한 발표자이다.

명 말꾼이 되는 비결 10가지

아래의 항목은 명 말꾼이 되기 위해서 반드시 갖추어야 할 요소들이다.

다음의 항목에 자신의 대답을 써 보자. 그렇다, 아니다.

내용	체크
1. 자신을 구속하는 껍질을 깨고 자연스럽게 스피치를 하는가?	
2. 남의 것을 흉내 내지 않고 자신의 독특한 개성을 살리고 있는가?	
3. 스피치에 내 진심과 열정을 투입하고 있는가?	
4. 나는 철저히 준비하였는가?	
5. 기쁜 마음으로 성실성을 가지고 말하고 있는가?	
6. 누구나 알기 쉬운 용어를 사용하고 있는가?	
7. 공명하고 명료하며 정확한 발음을 하고 있는가?	
8. 청중의 심리와 욕구가 무엇인가를 충분히 파악하고 있는가?	
9. 발표불안 현상을 가지고 있는가?	
10. 자신감은 갖고 스피치를 하고 있는가?	

나의 제스처 점검하기

나의 표정, 자세, 제스처 등을 점검해 보자.

내용	체크
1. 강의나 발표를 시작함과 동시에 손 제스처를 하는가?	
2. 손의 제스처가 반복되지 않고 다양한가?	
3. 포인터를 잡는 손 제스처가 훌륭한가?	
4. 말의 내용을 손 제스처가 잘 반영하는가?	
5. 습관적으로 손이 머리와 얼굴을 만지지 않는가?	
6. 서 있는 자세의 중심이 앞을 향했는가?	
7. 발 제스처에 힘과 유연함이 느껴지는가?	
8. 불필요한 제스처는 없는가?	
9. 스피치에 대한 열정이 보이는가?	
10. 제스처가 품위 있는가?	

나의 마음 상태 자가 점검하기(self check)

평소 나의 마음 상태가 어떤지 정확이 파악하는 것이 매우 중요하다. 나의 마음 상태를 스스로 점검해 주시기 바란다. 그리고 그 원인이 무엇인지를 파악하고 난 후 그 문제를 해결하는 훈련이 필요하다.

□ 평소에 근심이 많다.

□ 귀가 얇아 무엇인가에 잘 빠진다.

□ 의지와 결단력이 약하여 오래가는 것이 없다.

□ 두려움을 쉽게 갖는다.

□ 사소한 말 한마디에 쉽게 상처를 받는다.

□ 새로운 사람과의 대인관계가 피곤하다.

□ 삶이 무기력하다.

□ 강한 사람의 목소리만 들어도 가슴이 뛴다.

□ 평소에 자신이 싫어하는 것을 남들이 요구할 때 잘 거절하지 못한다.

□ 하고 싶은 이야기가 있어도 막상 하지 못한다.

□ 남의 눈치를 지나치게 보느라고 말이나 행동을 못한다.

□ 어떤 일에 열심히 하다가 조금 지나면 그 열정이 금방 식어버린다.

□ 막상 사람들 앞에 서면, 해야 할 말을 까맣게 잊어버린다.

□ 사소한 일에도 아주 신경을 많이 쓰고 잠도 잘 못 이룬다.

□ 말이 많고 말이 빠르다.

- 위에서 체크된 항목은 몇 개?
- 지금의 상태는 어떤가?
- 그 항목의 원인이 무엇이라 생각하는가?
- 상담을 원하십니까?

나의 스피치 평가표

이 름				
평가내용	Bad 3-4	Medium 5-6	Good 7-8	Excellent 9-10
인사				
도입부				
제스처(몸짓)				
시선처리				
음성/발음 정확성				
속도(강약고저)				
다양성				
청중 반응도				
열정/자신감				
준비상태				
외모&외형 (첫인상)				
편안함/자유함				
발표 태도				
어휘의 적절성				
내용(논리성)				
마무리(결론)				
합 계				
논평(코멘트)				

파워스피치 연설법 (472쪽 | 17,500원 | 한덤북스 刊)

그는 어떻게 청중을 설득하는가

이 책은 말을 잘할 수 있는 실전 노하우와 실용적인 스피치 훈련방법들, 그리고 명강의 노하우를 자세히 제시하고 있다. 저자는 의사 전달 능력이 성공의 필수 요건이며 말은 흥하게도 하며, 망하게도 하는 힘을 가지고 있다는 것을 강조하여 올바른 스피치 능력 향상에 대한 중요성을 알려준다. 총 29장으로 나누어 다양한 예시와 사례를 바탕으로 인생을 바꾸는 29가지 말의 습관을 알려준다.

〈추천사 중에서〉

정병태 교수님은 우리 대학교에서 스피치와 리더십을 깊이 연구하는 분이다. 이 분야의 달인이다. 특히 이번 스피치 달인 교과서는 스피치 능력이 얼마나 축복과 성공을 어떻게 이루는지를 명쾌하게 알려주고 있다.

아무쪼록 이 책을 통해 행복의 말을 배우고, 성공케 하는 말을, 깨닫고 이기는 말을 함으로써 더욱 배가의 행복을 누리는 기회가 되기를 간절히 바란다.

_서울사회복지대학원대학교 총장 권육상 박사

목소리에 컬러를 입혀라 (326쪽 | 12,000원 | 한덤북스 刊)

호감 가는 목소리 만들기

정병태 교수의 파워 목소리 발성법 『목소리에 컬러를 입혀라』.

매력적인 자기만의 목소리를 만드는 다양한 방법을 제공한 책이다. 실생활에서 바로 적용할 수 있는 실전훈련을 수록했다. 똑소리 나게 표현하는 목소리 스피치 준비, 목소리 실제 훈련 지침서, 실전 스피치 원칙과 목소리 기법 도전 등 총 12장으로 구성했다.

<본문 중에서>

미국의 심리학자 메라비언이 연구한 법칙에 따르면, 표정(35%), 태도(20%) 등 눈으로 보고 판단하는 비율이 55%(몸짓), 그리고 목소리, 귀로 듣고 판단하는 비율이 38%이며 이야기의 내용을 듣고 판단하는 비율은 불과 7%. 그렇다면 무려 38%를 차지하는 요소는 바로 '목소리'라는 것. 따라서 좋은 목소리를 가졌다면 이미 38%의 긍정적인 힘을 가지고 대화를 주도할 수 있다는 것입니다. 반대로 목소리에 남다른 색깔이 없다면 아무리 실력이 뛰어나도 사람들의 마음을 사로잡을 수가 없습니다. 그러므로 나의 목소리에 컬러를 입혀야 합니다.

칭찬힐링 (290쪽 | 12,500원 | 한사랑대학문화사 刊)

그 한마디의 칭찬이 내 삶을 결정지었다

『칭찬힐링』은 사람을 성장시키는 '칭찬' 비결로 행복을 누릴 수 있도록 안내한 책이다. 공동체 조직에서 실질적으로 칭찬을 적용할 수 있도록 구성했으며, 권말에는 삶의 적용할 수 있는 실전 칭찬 훈련 지침서를 마련했다. 진심어린 칭찬은 회사의 성과를 올리고 넓은 대인관계를 만들며 인생의 방향까지도 바꿀 수 있는 힘이 있다고 강조한다.

〈추천사 중에서〉

저는 정병태 교수님의 칭찬학을 통해 사람을 바라보는 관점이 확 바뀌었습니다. 그 사람의 좋은 면을 찾아 칭찬하는 것으로 말입니다. 그 진심어린 칭찬 한마디가 행복과 풍요로운 인생으로 이끌어 주었습니다. 사실 제 성공의 비결은 바로 칭찬하는 습관이랍니다. 이제 다시 칭찬학 전공개발 코칭 수업을 통해 칭찬학을 가르치는 교수로 활동할 수 있게 되었습니다.

_CEO 김점규 교수(교육학 명예박사)

캔 리더십 (238쪽 | 12,500원 | 한덤북스 刊)

내 인생을 바꾼 캔 리더십

『캔 리더십』은 정병태 교수의 '나는 할 수 있다' 특강 시리즈로 성공을 위한 가르침이 담겨 있다. 꿈을 이루고 성공을 이루기 위해 의미가 가득한 이야기와 원리를 알려준다. 희망을 버리고 인생을 자포자기 했던 분들에게 다시 희망을 되찾아 주고있으며 성공이란 결국 자신의 마음가짐에서 출발하며 어떤 태도를 취하고 집중하는지에 따라 자신이 생각한 대로 이루어진다고 설명한다.

<본문 중에서>

이 책은 위대한 사람을 만드는 힘과 능력이 있습니다.

우리들의 마음과 신체에 잠재된 강력한 에너지를 끄집어 낼 수 있음을 기대하셔도 좋습니다. 이 글을 읽고 보는 동안 자신도 모르는 사이에 긍정의 사고를 갖게 되며 또한 발전되어 성장과 더불어 풍성한 결실을 수확하게 됩니다.

지금의 삶은 더욱 평탄하고 안정감은 물론이며 자신감도 얻게 됩니다. 혹 낮은 자존감은 회복되고 충전될 것입니다. 근심, 걱정, 염려, 상처, 질병 등의 문제와 고통도 말끔하게 사라질 것입니다. 무엇보다도 인생이 더 나은 방향으로 전환될 것입니다. 특히, 어렵고 가난한 생활에 찌들어 있다면 그곳에서 빠져나올 것이며, 빚에 몰린 사람도 해결 방법을 찾게 될 것입니다.

서울커뮤니케이션교육대학원 교육안내

스피치& 목소리 트레이닝 과정	리더십 & 인간관계 실무 과정
매주: 저녁 7시, 아침 10시 실습 중심의 교육, 저자 직강	매주: 저녁 7시, 아침 10시 실습 중심의 교육, 저자 직강
명강사 명강의 전문가 과정	**CEO 최고지도자 과정**
매주: 저녁 7시, 아침 10시 실습 중심의 교육, 저자 직강	매주: 저녁 7시, 아침 10시 실습 중심의 교육, 저자 직강
소그룹 중심 교육 1:1 교육 출강 교육	1:1 맞춤중심의 교육

문의 : www.com.ac.kr 메일: jbt6921@hanmail.net
주소 : 서울시 구로구 구로동 1126-14번지 201, 301호
　　　(구로튼튼병원 옆)
전화: 02-861-2103 팩스: 02-862-2102 H.P: 010-5347-3390